U0042848

工頭堅的京都時光

從飛鳥時代到昭和地景
走讀千年古都的前世今生

工頭堅 著
KEN WORKER

即使你錯過
春櫻、夏豔、秋楓、冬雪
錯過了所有祭典

在京都
總有一段段時光
隨時等待你的造訪

目次

洛中洛外——平安時代後期

武士之世——從鎌倉到室町

太閤之夢——安土桃山時代

治世亂世——江戶時代

世界遺產——從明治到現代

前言

「正因為不了解京都，所以才有勇氣寫京都。」

我的朋友胡川安教授，有一次這麼對我說。川安的本科是歷史學和人類學，也寫過不少與日本有關的書，題材涵蓋和食、日本味、還包括《東京歷史迷走》以及《京都歷史迷走》；前述的那句話，據說正是另一位堪稱京都通的友人，在他寫了京都歷史主題之後，半調侃、半認真對他說的，後來他也將這句話「轉贈」給我。

的確，我完全可以體會這句話的意思。別的不說，連歷史專業、在大學中國文學系任教的川安，提起京都都要如此謙虛低調了，如我這般，僅是因為父親曾任日語導遊、開啟了自己大半生對日本文化的興趣，而在從事旅遊行業二十多年後成為YouTuber的「素人」，又怎麼敢立志要寫京都呢？

＊＊＊

或許由於長期擔任在世界各地帶團並解說的領隊之故，我深刻體會到：將某個人物、某座城市、某個國家的歷史，經過自己吸收閱讀或走訪之後，整理成令人好奇或有興趣的敘事，並用相對簡單的言詞講述出來，其實是大多旅人的普遍需求。

單以京都來說，若到網路書店用關鍵字搜尋，直接或間接相關的著作至少近五百本（！），每一位作者都用他們的方式與角度，各自述說著對這座城市的感受甚至熱愛，我自己當然也讀過不少，並從中獲得許多知識、或美食、或購物的指南。

但有個問題，始終感到些許困擾，就是：當我來到某個景點、某座建築，或許手中的指南、網上的百科或旅記，以及當地的說明牌上，都告知了「哪一年由誰創建，是某類型文化之代表」，但，它在京都或日本的歷史上，究竟是在哪個位置？和另一座建築的先後脈絡又是如何？這些常常是我擔任領隊時會被團員問到的問題，因而也成了一種職業病，非得弄清楚不可。

沒有人說，一定要了解歷史才能遊京都；但如果不了解，我覺得來京都就太可惜了。

而，儘管有許多以京都歷史為主題的書籍，卻鮮少按照歷史排序，依序述說的著作。或許，對於大多數讀者而言，這些脈絡並不重要吧！（苦笑）但對於曾以坂本龍馬這位歷史人物的生平、一一尋訪，最後整理成《工頭堅的龍馬之旅》的我，「想要理解這座城市的歷史脈絡」之心情，卻是愈發強烈了。

＊＊＊

我造訪京都的次數不算少，然而大半時間，流連於與龍馬有關的幕末史跡，以及設計旅宿或特色小店。直到寫完上一本書後，忽然有種解脫的感受：終於將龍馬「放下」之後，驚覺京都還有這麼多的地方，等待我去造訪與發掘，旅行的視野陡然放大數倍；因而在國境開放之後，一次又一次地重回京都，彷彿一切都是全新的發現。

從一個人的生平，一步跨到整座城市的身世——總覺得自己還是太貪心了一些。

所幸在探索的過程中，還是驚喜發現了足以做為指引的範本，包括我另一位朋友「蔡桑」蔡亦竹教授多年前出版的成名作之一《風雲京都：京都世界遺產的文化人類學巡檢》，便是一路從王城奠都寫到德川家康；而後又在疫情前，邂逅了京都史學大家林屋辰三郎先生成書於一九六二年的經典名作《京都》之簡體中文譯本，反覆閱讀、愛不釋手，並獲得極大的啟發。

原本一直納悶林屋先生的《京都》遲遲未有繁體中文譯本，直到本書完稿前，黑體文化的編輯朋友涂育誠告知，繁中版即將出版。我深感欣慰，又覺得是個冥冥中的 sign，要將京都的完整面貌呈現給更多讀者了。如果你讀過《京都》，就能體會它對我的探訪之影響或指引有多麼深。但林屋先生的著作，當年畢竟是寫給日本讀者的，若是缺乏背景知識，可能較不易咀嚼；而我試著去走讀它，或許可以理解為是將其「具象化」的一種方式。

當然，給予我京都養分的書不可能只有這幾本，其他著作將於本書各段落中提及以致敬。

＊＊＊

關於本書文眼，由於自己才情有限，思考良久，終於定調：不寫細，只寫「氣」。京都這座城市自有其「氣」：要解釋為氣質、氣氛、節氣都可以。既然已經有那麼多前輩寫過，我反而沒有牽掛、沒有負擔，因為不可能寫得過所有人，乾脆就寫「工頭堅的京都」，任性地以自己的方式來進行。

於是，我寫下這麼一段文字：

旅行的念想，似乎總是生不逢辰。

春櫻盛開時你訂不到房，
夏豔鮮綠時你存不夠錢，
秋楓怒放時你搶不到機票，
冬雪飄落時你請不到假。

即使你錯過春櫻、夏豔、秋楓、冬雪，
錯過了所有祭典，
在京都，總有一段段時光，隨時等待你的造訪。

重新翻閱《京都》時，發現林屋先生於一九六二年寫下的前言中，有一段意思幾乎相同的話；或許，是潛移默化早在心中扎根，又或許，是對於京都有愛之人，共同的遺憾與寬慰。我們總希望都多待久一些，飽覽它的每時每刻，卻又必須離別。但也因此，才有下次相見的期待與快樂。

對於翻開本書的讀者，或可將此視為作者為了解決自己內心疑惑、實際走讀探訪的筆記；期望它能令你將來的京都旅行，不再有我過去的徬徨。

或許，正因為不了解京都，所以才更需要寫京都。

六〇三年→七七八年

山城歲月

——平安京之前——

楔子

六五六年

八坂神社（祇園社）

我站在八坂神社西樓門前，短短的石階梯上方，望向日落方向，門前筆直的四条通，盡頭連接跨越鴨川的四条大橋。這畫面，無論見過幾次，都仍忍不住從心底發出微笑。

商店街上遊人絡繹不絕，中段兩側的花見小路，正開始迎接夜晚的甦醒；如此情境，幾乎是每個來到京都的旅客之共同經驗。特別是離開清水寺之後、下轉產寧坂、二年坂，橫越維新之道、步入寧寧之道、經由圓山公園，或左轉神幸通、由石鳥居及南樓門，進入八坂神社境內，參拜抽籤之後，團體旅客，可能會被帶領到知恩院前的大停車場上車；而自由行者，從西樓門出，隱入茫茫市井的人海中，迎向

鴨川西側的四条先斗町、木屋町或河原町之百貨商場、食堂酒肆。

有些旅人在途中，還會繞到ＩＧ上的知名地標「八坂塔」留影打卡；或在出了西樓門後，走去一澤帆布挑選書包；路上更是隨處遇見穿上浴衣的各色人種，在旅伴或專業攝影師的鏡頭中，留下在京都，不，應該說是在日本，最難忘的旅遊回憶。

這是一條極經典的觀光路線；但我不確定，有多少遊人真切理解到，這不算長的一段路，究竟走過了多少歲月？

有很長期間，我知道的並不比別人多；只知道八坂神社又被稱為「祇園社」，守護著這個區域的商業繁盛，私自比喻，或許就像台北龍山寺、與艋舺華西街的關係。至於神社中祭祀的是神或佛，是屬於神道或佛教，與每年夏季的祇園祭有何關係，並不真正清楚。

要到很多很多年後，我才知道，這座全日本約兩千三百社祇園信仰的「總本社」，社內祭祀的主神，乃是日本神話與神道的須佐之男（素戔嗚尊）、與帶有外來佛教色彩的牛頭天王之「習合」（亦即二神合一）。至於遊客傳聞的戀愛成就，則是於境內祭祀出雲系的大國主社，原是以結緣之神聞名；又因祭祀著宗像三女神的美御前社，而成為「美容水」之由來……

然而真正令我腦袋彷彿受到清洗的，是從資料中得知早期此地的居民，原是來自朝鮮半島的高麗使者伊利之，以及其後裔，被統稱為「八坂氏」。牛頭天王信仰據說來自新羅國牛頭山，歷經久遠融合與敘事，傳說為素戔嗚尊降臨的化身。根據社方記載，最早創建於西元六五六年，亦即伊利之「來朝」之時；而歷代的宮司與關係者，仍被祭祀在境內的祖靈社當中。

理解了這些，才會知道來到八坂神社，又或任何一個景點，除了和其他旅人同樣的行禮如儀、拍照打卡之外，該找什麼、該看什麼。或許可以這麼說：「知道要看什麼」，正是我展開這整部旅行回憶與記述的初心之所在吧。

即便不論上述的官方說法是否屬實，年代是否準確，試想：在此地尚未成為京都，不，甚至尚未成為平安京之前，是來自各地甚至海外不同氏族，共同生活的一片世外桃源般的樂土……這樣的景象，是否顛覆了人們過去對京都這座城市的認知？

在平安奠都之前，原本就居住在當時被稱為「山背國」的京都盆地先民，陸續

肇建的神社或寺院，起始年代往往上推到神話時期，或難分先後。但或許可以說，在西元六、七世紀，盆地中陸續出現了至今仍可考的幾個氏族生活的紀錄。於是不執著於先後，只是以造訪之後，古老程度之感受，來做排序。

山背國，後來被桓武天皇改名為日語讀音相同的「山城國」，這也是本章名稱的由來。山城，總是比山背更適合做為開篇的氣勢吧（笑）。

每次回顧旅行的起始，總是有著類似的心境：既是苦笑，笑自己又挖坑給自己跳；又是興奮，興奮於有機會重新審視與回憶，並滿心期待即將發現的老故事與新風景。究竟這一路上有哪些情緒等著自己，不起身而行、不動手記錄，就只能龐雜零散地存在腦子裡，是永遠無法呈現清楚脈絡的。

那麼，出發吧。

一、賀茂源流

六七七年　賀茂別雷神社（上賀茂神社）

六九八年　賀茂御祖神社（下鴨神社）

從京都驛前，搭上開往西賀茂車庫前的九號公車，根據地圖計算約四十五分鐘可抵達目的地。這是一段悠閒愜意的路程，平日早晨觀光客不多，刻意選了右側靠窗的位子，溫暖晨光多少驅散了二月中旬之寒意，一度甚至有些犯睏。公車路線沿著堀川通筆直北上，得以有機會細細瀏覽沿途的城市景觀。

京都，總是被稱為古色古香的千年古都，這樣的形容詞，想必聽膩了吧。但如果真要在京都尋訪「古老」或「原始」的感受，我個人認為，似乎還是該從賀茂氏講起，正如許多以歷史順序書寫的著作，也多以賀茂為起手式。

這名字常見到，卻似乎不太好記。但如果你記住它的日語讀音，唸作かも

(kamo)，音同「鴨」，是否恍然大悟？那條代表京都的河川，就叫鴨川，漢字寫成「鴨」、「賀茂」，甚至還有「加茂」。

如果說河川是城市的靈魂，以鴨為名，多少便昭示了它可能的歷史源流。

說起來，與鴨川平行的堀川通是條有點奇妙的道路。它幾乎是現代京都市中軸線上最長的南北交通要道[1]，卻又並非旅人與遊客常提到的名字；既名為堀川，便應有運河了，車行期間的確也曾見短暫幾段水道出土，便是一条戻橋跨越的段落，其餘都已隱入地下。

翻查歷史，堀川竟是用以運送平安京建材的運河！已有至少一千兩百年歷史，據記載當年寬達四丈，如今乘車在堀川通上行駛，或許便像是古代河道舢舨航路，而有時空交疊之錯覺了。從京都驛往北，一路細數沿途史跡，西本願寺、本能寺跡、神泉苑、二条城、聚樂第東濠址、晴明神社、白峯神宮……這些都是未來將會一一在歷史的畫卷中浮現的名字，而我此刻未曾停留，逕行向更古老的源頭。

賀茂社。

＊＊＊

1　我曾誤以為它就是平安時代的朱雀大路，認真對照地圖後，發現更西側的千本通才是。

23　一、賀茂源流　六七七　賀茂別雷神社（上賀茂神社）

成為平安京之前，居住在這個盆地中的，並非只有前述來自朝鮮半島的八坂氏，還有來自日本海側的出雲氏，以及後面會提到的、來自東亞大陸的秦氏等。曾看過一張古代京都盆地地圖，至少就列出了十二個氏族或部落，分布在境內河川與水源地周邊；日後我在西陣的京都考古資料館，終於見到該地圖的實體展示，細數著賀茂、出雲、小野、栗田、八坂、中臣、宇治、秦、茨田、土師等氏族之名。

有沒有發現？外來的氏族除了原有的族名，定居之後又以居住地為名，而這些地名，經過漫長歲月洗禮與更迭，許多甚至沿用至今。

賀茂社是總稱。意指與京都的先民賀茂氏有關的兩座神社：賀茂別雷神社、賀茂御祖神社；或許這兩個名字對旅人相對陌生，但若是說「上賀茂神社」與「下鴨神社」，那便親切許多。這上下之名，往往令人誤會，以為有位階高低之分，其實只是地圖的方位；下鴨祭祀的反而是賀茂氏的先祖，所以才叫做「御祖」神社。

自己記京都地理，往往是用「大Ｙ＋小Ｙ」的方式，下方南邊的大Ｙ是桂川與鴨川，合流處在伏見；上方北邊的小Ｙ，是賀茂川與高野川，兩條河川皆是鴨川的上游，合流處在出町柳，或下鴨神社，也被稱為「鴨川三角洲」。附帶一提，許多人會將匯流處的車站誤記為出町柳，但其實它是西岸「出町」和東岸「柳」的合稱。

從京都驛到上賀茂御薗橋，沿途經過二十七個停靠站，下得公車，還需步行七

分鐘。因為不趕行程，心態便悠閒，又或是目的地之古老悠遠，令得潛意識告訴自己：你不需要趕，它都在那裡。御薗橋下便是賀茂川，走在橋上，忽然有種遙遠的熟悉感，想到台北士林；是了，我小學時，常常從跨越外雙溪的福林橋步行回家，做為視覺遠方背景的芝山岩，位置與神社後方的上賀茂本山神似，這城市的上古史與自身的成長史，頓時在橋上交會。

神社鳥居入口，立著「賀茂大社」石碑，這種石碑的規模並非每間神社都有，令我想到曾造訪過的島根縣出雲大社，也有這麼一塊大石碑，腦中又將歷史脈絡連結起來：據我的理解，賀茂氏與出雲氏，原都是來自日本海側、現今島根縣的古老氏族，只是先來後到的順序。

從衛星圖上看，位於京都盆地北側的上賀茂本山，彷彿是大自然有意的安排。它是灑落在盆地中的小山塊，正好做為神社北邊的依靠，向東延伸的部分被稱為松之崎，是現今寶池與國際會館的所在，更將山北的岩倉隔離成獨立的區塊，而這些都是日後我將會走到的地方。附帶一提，在夏季「五山送火」祭典時，這松之崎正是妙、法二字的位置。

神社境內的櫻花樹，看上去也特別古老，各有其名：御所櫻、齋王櫻、風流櫻等，幾乎便是歷史階段的展示。外幣殿的說明牌，也寫著當法皇與上皇等臨幸至此接待之用途，而被稱為「御所屋」……

一、賀茂源流　六七七　賀茂別雷神社（上賀茂神社）

關於神社的緣起，最簡單的說法是：當地賀茂一族族長之女「玉依姬」（玉依日賣）來到河川上游淨身，撿到一支箭矢（丹塗矢），視為吉兆，回家供奉在床頭，於是懷孕，生下一名男孩。男孩成長後知曉自己的父親是天津神中的「雷」，後得名「別雷之神」，也是賀茂別雷神社名稱之源由。這樣的故事看似奇幻，卻是全世界每個古早民族都有的類似傳說，也不為怪。

造訪的當天，四處參拜與拍照之後，見到「國寶本殿特別參拜與神寶之拜觀」，心想既然遠路而來，應該付費入內一窺，原來是幾幅描述神社起源的畫作之講解。由於不太習慣日本人的正坐（跪坐），頻頻挪動雙腳、扭動身軀，正感到失禮，聽到神官說道：「玉依姬的父親、御子（別雷大神）的祖父，便是賀茂建角身命……」腦中頓時轟然一聲，原來如此！原來您是「角身」[2]的孫子啊！下鴨神社祭祀的，便是您阿公啊！

若能理解這些過去的神話或歷史人物之脈絡，參觀京都各寺社，便如同此刻，有諸多意外的發現與驚喜了。

2　如果讀過安彥良和漫畫《古事記》第二部《神武》，便知道書中設定輔佐神武天皇的八咫烏，台灣版本譯爲「武角身」，是大國主的長子。「武」和「健」都唸做たけ(take)，原是形容勇猛之人，「賀茂健角身命」，賀茂是氏族名，命是對神的尊稱，去頭去尾，「勇猛的角身」之形象，整個鮮活起來。此外，由於賀茂的代表圖騰是「二重葵」，自古以來舉行的祭典也被稱爲「葵祭」，後世以三重葵爲家紋的德川家康，似乎自視爲這古老氏族的後裔，亦多所敬拜。

從西鳥居離開上賀茂神社，原本只是為了尋找化妝室，卻見到一間小小的路旁咖啡館，寫著「神山湧水咖啡 煎」。此前很少有在神社喝咖啡的記憶，更何況是神山之湧水，無論自己是否懂得品嘗，都應該坐下來休息一會，並繼續吸收此地的自然能量，十分飽滿，留下很好的印象。下次就算只為了喝這一小杯神山湧水咖啡，都願意再來。

＊＊＊

在另一次的行程中，駕著被暱稱為「K-Car」的輕型自動車，跟隨導航由北向南，前往下鴨，也就是賀茂御祖神社。深秋時節，下鴨本通成了一條潑灑著黃色的銀杏街道，整排筆直的銀杏樹，棵棵超過兩旁建築的高度，乾脆多繞了一圈，原先只是為了尋找停車場的入口，卻意外飽覽了秋色。如果你在秋季來，乘公車到「下鴨神社前」，應也有機會見到此景致。

對於下鴨神社，我相對熟悉。有一段長時期，帶團的側背包上繫著「鴨社」的御守，那是來自二〇〇五年帶領「陰陽師千年大祭」旅行團的紀念物；關於這個旅

行團對我的影響與意義，後面還會不斷提起。

雖是後話，由於境內有二株古木合而為一的「連理之神」相生社，下鴨神社也是許多京都人舉辦傳統婚禮的地方。此外，由於主祭神包括以美貌知名的玉依姬，亦有不少女子來此「美麗祈願」。

當年造訪時還觀賞過平安時代「十二單衣王朝舞」的展演[3]。往昔貴族女性的「十二單」，官方正式名稱為「五衣唐衣裳」，是日本公家女性傳統服飾中最正式的一種，於平安時代開始被作為貴族女性的朝服，到現代依然是皇族女子在即位禮、結婚式、御大禮、祭祀等大禮場合的正式禮服。從這個名稱就可以想像，它一般是由五到十二件單衣組合而成，且依照不同季節、穿著者的身分和場合，顏色和花紋還有特定的複雜搭配。相當華麗，也非常辛苦，全部穿上後重量大約二十公斤，無怪乎古代日本貴族女性走路非常緩慢優雅，因為根本走不動！

正由於下鴨神社是我領隊職涯起始之初便曾到訪，後又曾在某次特別的行程中和旅伴來此祈願，總感到對個人有著不同的意義。然而奔波忙碌於日本乃至世界各地的探索之後，竟睽違十多年未再來，如今又終於搞清楚它的祭神是熟悉的「角

3 當時觀看演出必須包場，每次最多可容納八十名觀眾，約一小時的展演，必須參加團體，或當地的一日遊程，才有機會達到參觀人數，可惜近年似乎取消了。

身」，更需要特別回來問候，並試著抽籤請示。賀茂大神給了我一支「末吉」，叮囑在當下的專業領域要隨時精進。拜領了。過去抽籤往往抽到大吉，後來得知一個說法，若是大吉、就代表沒有能更進步的空間，還不如中吉或末吉。當然或許有人會說這是自我慰藉，卻也無妨；原本便應該繼續追求進步，不是嗎？

根據後來的考察，原本賀茂氏居住在下方的奈良盆地（大和國）最南，當地仍有「高鴨神社」，後一路遷徙來到京都盆地（山背國）最北。這個氏族，似乎總有遺世獨立、僻居山邊的習慣，而且直到我將這條路徑在地圖上畫出來，才意識到京都和奈良這兩個盆地，基本是一直線。根據假說，其實賀茂氏也是出雲族，但由於已服事大和王權，應該視為大和氏族的一支。

林屋先生在《京都》書中，對於下鴨神社和糺之森有一段優美的描寫：「在這裡，大和氏族意外地與出雲氏族相遇了。一個從北，一個從南，兩個氏族和他們的文化在此相遇，不是相互抗爭，而是完美地融合了。」森林中，仍有許多上古時期的祭祀遺構，而當代出身京都的小說家森見登美彥精彩絕倫的作品《有頂天家族》，更將此地設定為主角狸貓家族的住居，充滿各種幻想的可能性。

要在京都市內尋訪具有「古老」意象之處，且感受盆地自古以來的靈氣，沒有比兩座賀茂社更適合的了，漫步在糺之森，我如此想著。

一、賀茂源流　六九八　賀茂御祖神社（下鴨神社）

二、太秦物語

六〇三年　太秦廣隆寺

聽聞太秦之名已久，知道這裡有東映映畫村，還有一部山田洋次與立命館大學的學生們合作的電影《京都太秦物語》；印象中是個在市區西側，氛圍卻彷彿市郊的居民區，以往搭乘被稱為「嵐電」的京福電鐵前往嵐山，也曾多次路過。

而這次，我終於在「太秦廣隆寺」驛下了車。

由於早餐只喝了咖啡，見到與車站共構有家名為「京富」的烏龍麵與蕎麥麵店，便隨興入內。在歷史走讀的旅程中，往往如此，邂逅各地車站的小餐館，有時拉麵，有時餃子，有時蕎麥麵，吃個六七分飽，才有力氣看史跡。正如常說，即使是歷史宅或愛好者，也不能只靠吸歷史就飽啊；一笑。

特地來此，也是爲了林屋先生書中的一段話：「讓京都盆地登上日本歷史舞台的是

五世紀以後中國[4]和朝鮮移民在這裡的定居。在這片盆地，洛西之名也曾指太秦之地，因為這裡是著名國寶廣隆寺的所在……（中略）在古老的京都歷史中，這個名字在很長一段時間總是被人遺忘。」

讀過不少知名學者的著作，他們從來未曾否認，現代日本人的血脈或系譜，原本就有一部分是來自海外的「渡來人」，泛指四世紀到七世紀之間，從東亞大陸經朝鮮半島、或因逃避戰亂來到日本，並歸順於大和朝廷的氏族。當然在歷史的長河中，他們早已融合成為真正的「日本人」。

不過，廣隆寺供奉的本尊，卻意外地並非這些渡來系移民的傳統信仰，而是聖德太子[5]。原本這號人物應是歸屬於「飛鳥時代」（主要地域為現今奈良境內），不想混入京都史來談，但由於有許多建築都和他有關，看起來是無法跳過了。

有很長一段時期，聖德太子都是一萬日圓紙幣上的人物。他最著名的事蹟之一，就是派出「遣隋使」向隋帝國進行外交與學習，其中一封國書上寫著「日出處天子致書日沒處天子無恙」，據信是出自聖德太子手筆，因為大和朝廷在東邊，所以自稱「日出處」，因為這個典故，一般認為「日之本」或「日本」這個國名，可說

4 「中國」為原文所用，應視為地理名詞，如朝鮮。

5 聖德太子是後世的諡號，原名厩戸皇子。根據日本史料記載，他是在西元六、七世紀之間的人物，曾輔佐叔母推古天皇，協調權臣蘇我馬子，實行了許多改革與施政。

是聖德太子賦予的。

儘管近代的一些史學家，認為史實上並沒有聖德太子，而是朝廷或公家為了統治需要而創造出來的人物，這原本就屬於研究歷史會有的辯證，我只能根據一般的認知來做陳述。無論真偽，聖德太子在日本民間無疑人盡皆知且人氣甚高，少年時期曾看過山岸涼子一部畫風非常精緻優美的漫畫作品《日出處的天子》，便是以他為主角。

回到現今的太秦廣隆寺，儘管就位於車站和馬路旁，卻因並非熱門觀光景點而略顯寂寥，從山門開始就散發著「古刹」之氣息，步入寺內，石碑上刻著「山城國最古之寺，太子建立日本七大寺之一」，而本殿被稱為「上宮王院太子殿」，殿上許多牌匾都是明治時期、近鄰的商家團體奉納至今。寺中還有被稱為「寶冠彌勒」的國寶彌勒菩薩半跏像，可能是緣分未到，未能得見。

廣隆寺原是渡來人秦氏的「氏寺」，故又名為秦公寺，至於為何祭祀聖德太子，則被認為是欲向後來遷都至此的皇室、公家表忠或邀功之用意，細節就不多談。但我來去匆匆，竟錯過了寺內西側有一座鎌倉時代興建的八角形「桂宮院本堂」，建築本身便是國寶，記下來，提醒旅人們不要錯過。

六〇三年　大酒神社

說到秦氏。我從廣隆寺山門離開，循著左側指標、步行前往鄰近的東映太秦映畫村，原只是想著既然來此，那便順道參觀吧，卻意外在半路邂逅了「大酒神社」，走近一看，祭神赫然是秦始皇、弓月君、秦酒公。

神社的「由緒書」（寺院或神社的緣由之說明牌）上寫道，仲哀天皇八（西元三七二）年，自稱秦始皇後代子孫的弓月王或弓月君，率領一百二十七縣，約一萬八千六百七十餘人，由百濟遷入。人數都寫到這麼細，看起來是頗有可信度了。

這麼多人來到奈良盆地，想必是擠不下的，於是就只好往北，越過奈良山，前往原本遍布沼澤的「山背」，也就是現在的京都盆地，散居、開墾。同樣根據神社的由緒書，秦氏帶來了當時相對先進的技術，諸如農耕、造酒、土木、管絃、工匠，應該還有養蠶、紡織。

弓月君之孫便是秦酒公，所以才叫大酒神社；而且同時祭祀的還有漢織女、吳服女等。

秦氏的日文發音不是chin，而是はた(hata)，通說是「波多」之音，至於這個「波多」語源比較有力的說法是來自朝鮮半島，「海」的意思，指秦氏經由半島渡海而來[6]；然而，做為地名的「太秦」卻又唸成うずまさ(uzumasa)。不過，京都的確有許多地名，光看現代漢字是無法正確發音的，均是由古代流傳下來的習慣唸法；「能否唸對地名」，也成為許多老京都人辨識外地人的標準。

正如古老的下鴨神社擁有廣袤的糺之森，在廣隆寺與大酒神社東側不遠處的蠶之社，也擁有「元糺之森」，儘管現今占地規模不大，仍可視為遠古祭祀遺構的象徵，森林中留有一座造型奇特的三柱鳥居；還有西側的蛇塚古墳等，但我自恃八字不夠重（笑），便暫時先略過。

我曾以這段關於秦氏開發京都盆地的歷史，在自己的YouTube頻道上發表影片，不出意外地引起許多討論、甚至激辯。我想到的反而是：古人真是堅忍的旅行者，靠著雙腳與簡陋的航海工具，便走了這麼遠；現代人多走幾步路，怎能就喊累呢？

6　在森谷尅久編著的《京都「地理・地名・地圖」之謎》書中，提出「朝廷賜姓論」以及「古希伯來語論」等說法，尤其是後者，在某些非正統的史學說書界，繪聲繪影地考證「秦氏為猶太人」之說，這些，就留給歷史宅們去深究吧！

七〇一年 松尾大社

由於秦氏帶來的技術中包括造酒，因而在當時聚落中心西南方靠近桂川處，仍留有梅宮大社、松尾大社等供奉「酒解神」與酒神的古老神社，據傳也都與太秦有淵源；一次到京都時，恰逢櫻花季結束，正懊惱著沒有趕上花開「見頃」，上網查詢，提到松尾大社山吹（棣棠花）盛開，梅宮大社亦還可能留有殘櫻，便動身前往。

尤其是位於桂川西岸的松尾大社，在地圖上標示著「擁有聖水的崇高神社」，社前一縷淺淺清流，幾座石橋、小巧水車，岸邊開滿橘黃色的山吹、應對著新綠，沁心宜人。當時我在私人臉書寫下：「昔人晴耕雨讀，今人晴旅雨歇。經過一日陰雨，趁著返台前的早晨，前往梅宮神社和松尾大社。既然趕不上最後一株櫻花，那便迎接最初的山吹。這便是京都，不間斷的歲時記。」

社前石碑上直接刻著「松尾社 日本第一酒造之神」；境內不僅有來自日本各地酒造獻上的日本酒，甚至還見到秩父蒸餾所的 Ichiro's Malt 威士忌酒桶擺在這裡，

我心想：「原來酒神不只管日本酒，還管到威士忌啊。」不過，近年的趨勢的確也倡議，將全部以日本原料製造的威士忌亦視為「地酒」之一種，如果按照此邏輯，管起來也不為過吧？

我注意到旁邊還有一座「日本酒資料館」。過去曾帶領「酒鬼巴士」至日本與台灣各地參訪酒造、酒廠等，也曾在傳統的產酒區，例如伏見等地參觀過類似的製程展示，卻從來不知道，原來在京都市區還有這麼一座資料館。

事實上，松尾大神真正的角色，是「日本第一釀造祖神」[7]，並非只有日本酒，還包括醬油、味噌等發酵食品。館內展示的內容從神話、文化層面，一直談到釀造方式，以及飲用與祭祀等，令人相當驚豔；對日本酒有興趣或從事酒業的朋友，真應該抽空來走走。

松尾大社的御守中，除了從業人員用的「酒業繁榮御祈禱神符」，甚至還有給飲者的「服酒守」，我看到都笑了，特別多買了幾個，回來分送給時常飲酒的好朋友們。按照台灣人拚酒的衝勁，要是這個風聲傳出去，以後來到京都，此神社應該會成為「必訪」之景點……

7　附帶一提，日本的酒神並非只有與秦氏有淵源的松尾大神，至少我曾參訪過的，位於現今奈良縣的三輪山麓、有日本最古老神社之稱的大神神社，亦以酒神聞名；或許也反映了過去不同氏族與聚落之間，所傳承的農耕文化之源流差異吧。

上　松尾大社

七一一年　伏見稻荷大社

說到農耕文化，對於一般旅客，包括過去的自己而言，或許更大的衝擊是：我們印象中，有著紅色鳥居、狐狸神使，堪稱日本風情之代表的稻荷神社，竟也是秦氏所帶來的農耕神信仰！

在京都市區南側，有著舉世聞名的伏見稻荷大社，後山的千本鳥居，曾出現在無數的相片與影像中，與清水寺、金閣寺，更是時常並列世人最喜愛的京都景點前三名，同時也是全日本三萬所稻荷神社的總本社。在官網的「伊奈利社創祀前史」8中，清楚記載著，早在六世紀的古墳時代，欽明天皇因夢中的啟示，命人尋找居住在山背國深草里的秦大津父，協助他治理國家；兩百年後的西元七一一年，秦伊呂具則在現今的稻荷山麓，將祭神鎮座於此。

8　「伊奈利」即為「稻荷」（いなり，inari）的日語音讀。

此前製作影片，說到與秦氏相關的歷史時，有些觀者會提出「原來京都的城市及信仰都是靠這些渡來人建立起來的啊」之民族優越觀點；但其實如果對上古史有些基本認識，就會知道，現今一般公認的說法，農耕文明源自西亞兩河流域，並逐步向東傳播，到了東亞大陸，再經由朝鮮半島傳到海外的日本，原是不足為奇。而其祭祀之神，也早與日本神話中、掌管農業的女神倉稻魂命（宇迦之御魂神）融合，成為在地的「國津神」。

關於稻荷神社、神使狐狸，甚至稻荷壽司的由來，相信旅人們早已從許多資訊來源，對其有了一定的認識。但或許，下次當你再有機會來此，除了在千本鳥居拍攝美照，或祈求商業繁盛的御守之外，對於秦氏與京都的開拓史，或許能有更深入一層的理解。

紅色的千本鳥居，寄託著近代町眾的豐饒祈願，也訴說著渡海先民之悠遠脈絡。

三、四神相應

七五九年

藤森神社

某個初夏六月，來京都完成預定事務，旅伴說，要不去藤森神社看紫陽花吧。說來慚愧，以往我只知櫻花、紅葉，或許還有日本其他地區的芝櫻、梅花和薰衣草，始終忽略紫陽花的存在。後來才弄清楚，這款日文稱為アジサイ(ajisai)的花種，原來就是俗稱的「繡球花」，從繡球到紫陽，氣質硬是提升了不少，後來就習慣稱呼這名字了。

藤森神社位於洛南的伏見，介於深草的稻荷大社、以及後世的城下町伏見桃山之間；往西不遠便是日後建有鳥羽離宮、而今的城南宮所在。若是以我目前對京都古代史的理解，可能一看地圖便知道，這又是個擁有久遠歷史的地域；然而當年卻是缺乏此認知的。

要到藤森神社，可以搭乘京阪本線到墨染驛下車，沿著大和街道走一小段路，便可抵達南門的鳥居。在神社的由緒書中，提到社傳最早起源，可追溯到神功皇后征伐三韓的時代，曾在此地的藤森立下纛旗並進行祭祀祈求勝利云云，那是西元二〇三年，直接將歷史拉到一千八百年前，絕對稱得上京都最古的神社了。然而由於神功皇后本人仍介於神話與信史之間，比較可信的，還是要到西元七五九年，在此周邊建立神社祭祀舍人親王，他是飛鳥到奈良時代的皇族，也是《日本書紀》的編者，於是成了前述石碑上提到的學問之神，所以我採信了這個年份。

境內設有兩座紫陽花苑，原是初夏京都賞花名所，時期約為六月上旬起的一個月。到得社內，除了拍花取景，也注意到境內不少石碑，包括「菖浦節句發祥之地」、「蒙古塚」，還有「日本書紀編者學問之祖神舍人親王御神前」等等；可惜當時懵懂，錯過了還有一座「大將軍社」。

＊＊＊

早在首次進行陰陽師主題之旅時，便曾在筆名櫻井青的蔡佩青老師著作《千年京都：陰陽師與平安朝》中讀到，京都是一個「四神相應」的最佳風水地：

青龍掌東，需要流水；洛東有鴨川流過東境。
白虎踞西，需要寬廣的大道；洛西有通往山陰和九州的道路。
玄武管北，需要丘陵山地；洛北有山峰。
朱雀在南，需要窪地湖沼；洛南有巨椋池。
「但是，黑夜的鬼魅也在此橫行，於是京城裡佈滿了陰陽結界。」

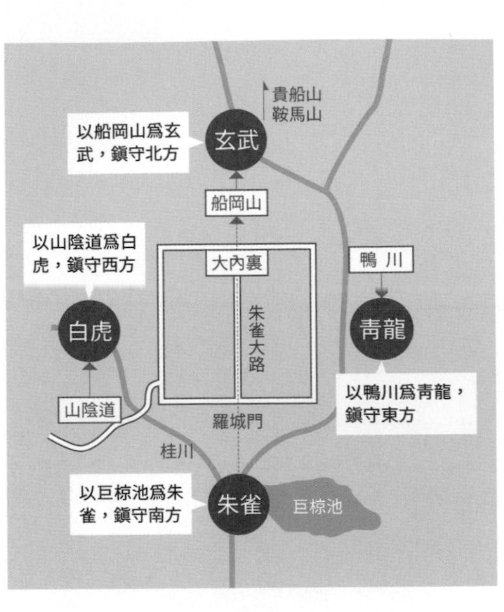

此外，由於要鎮守各方的「鬼門」，因而在盆地與京城四周，建立了許多的寺院和神社。這個說法大家或許都已不陌生，但到底有那些寺院和神社，是當年為了這個目的而設立的呢？我曾為了製作相關主題的影片，從成堆歷史書中翻找出一張地圖，詳細列出了當年鎮守的寺社之分布，依序從外而內共有三層。

最外的第一層，東北方位「鬼門」有延曆寺、北邊有鞍馬寺、南邊有城南宮；第二層則有大將軍神社、山住神社、赤山禪院、今宮神社、岡崎神社、勝觀寺、藤森神社；第三層，也就是靠近京城旁邊，則有東寺和明王院不動寺，甚至城內的「大內裏」旁，還有一座大將軍八神社。儘管有些不同的版本可能還會將更多寺社列入，但無論如何，光看這般層層疊疊的守護，便奠定了千年的基業。

當初以大將軍為主祭神的四個神社，被設置在京城四周，經過時代更迭以及神佛習合，目前則是「東」岡崎神社、東三条大將軍神社；「西」大將軍八神社；「南」藤森神社境內；「北」則是今宮神社之攝社「疫神社」、西賀茂大將軍神社。換句話說，藤森神社境內的大將軍社，便是京都南方的重要守護之一。至於桓武帝為何決定遷都，一般說法就是兩個原因：逃避早良親王的怨靈、遠離奈良寺院僧侶干政。先記得這兩點就足夠。

其實，就算都不記得這些，光是神社裡的紫陽花，還是非常值得來，也留下深刻的回憶。

相隔多年後的某次出差，下榻在地下鐵三条京阪附近的旅宿；在近鄰散步歸來，意外地見到「大將軍神社」指示牌，才知道與住宿之處只隔兩條巷子，非常有緣。當即走進一覽，原來便是前述的東三条大將軍神，鎮守著京城七口之一的「三条口」，是在稍後遷都時（七九四年）所建，境內還有一株樹齡超過八百年的銀杏大樹，完全稱得上「參天古木」。

如果不是知道典故，或許也只將它當成路旁不起眼的神社吧！然而一旦理解，眼光就完全不同了。我深深一拜，祈願大將軍護佑，在京都踏查的旅行順利平安。

上　藤森神社／下　東三条大將軍神社

四、清水憶往

七七八年　清水寺

或許有些人會感到驚訝，我第一次來到京都是一九八一年，至寫作的此刻，已然超過四十年。當時是與家人的初次海外旅行，事隔如此之久，若不看相片，要說記得什麼細節，那也是虛妄。但的確有許多印象或畫面，是一直烙印在記憶中的。再次回到京都，已是相隔二十多年後的二〇〇五年，當時激動的我，曾在自己的部落格上寫下這些文字：

清水寺，是個無需太多言語的名字。這是全世界的人來到京都都要拜謁的場所；也是所有團體行程中不可或缺的景點；相對地來說，有關清水寺的文字已然太多，似乎有些無從說起的感覺。正確地說，位於京都東山的這座寺院，應該稱作「音羽山清水寺」，

因為祂並非唯一的清水寺，而是日本全國數十座清水寺的總本山；清水舞台素樸的深色原木材質，是我少年時對於日本所留下的少數深刻印象之一。

看多了台灣廟宇雕樑畫棟的風格，總覺那怎麼看也不像個清修之地；心目中的淨土，似乎就應該像清水寺這般。

少年時的理解與記憶當然有所失真。我固然誤解了廟宇在塵世中的社會意義，也誤將清水寺擺進記憶中閒雲野鶴的深山林內，忘記了寺前熱鬧的數條坂道；事實上，清水寺堪稱是京都最熱鬧的觀光區，和「清修」二字，似乎只剩下遙遠微薄的精神連繫。

盛夏的週日午後，我在京都驛買了五百日圓的一日券，坐上前往清水寺的一百號公車；時刻已近下午四點，在其他寺廟開門時間較早的考量下，將清水寺排在午後最晚造訪的景點，是適合的。

並沒有刻意選擇一條人較少的上山之路，我只是遵照指示在「五条坂」下了車。很容易地，找到上山的方向——就是最多計程車下山的地方——緩步上坡。後來我才弄清楚這條坂道前段是「五条坂」，後段右側是「清水新道」，也就是以擁有眾多販賣清水燒的店家聞名的「茶碗坂」；一般團體會直接乘車到五条坂頂端與清水坂交界處的市營停車場，可以少走一段路。

我選擇了人車稀少的茶碗坂前行，一路上默默複習著關於清水寺的人物與傳說。對於歷史，我始終保有著濃厚的興味。歷史令一個景點變得更有意義，把我們自身

和這個世界的演進，在某一個時間點結合為一。這是我喜愛京都的原因，在這裡，隨處可以找到那古往今來的時光隧道之入口。當然，即使不去理解這些歷史背景，清水寺依然可以令遊客興味盎然：有著豐富而各異其趣的拜殿與參拜方式，有排隊才能取一瓢飲的音羽靈水，還有，清水坂上販賣的各式京都名產……

清水寺，是一座「京都歷史主題公園」。

在這個熱鬧的週日午後，我和許多來自世界各地與日本全國的美麗身影擦身而過；讓心中對於這座古都的所有想像，鮮活甦醒。

＊＊＊

根據寺方的記載，早在西元七七八年，來自奈良的賢心和尚因託夢朝北而來，發現一涌清泉由音羽山流出形成瀑布，而在一旁草庵中修行，遇見高齡兩百歲的老仙人行叡居士託付給他千手觀音像，於是就在此開山奉持，並命名「音羽之滝」。

兩年後，一名武士因為打獵逐鹿意外來到此地，與賢心和尚邂逅，他深感這是位世外高人，便出錢捐地並協助建立寺院，並基於這股泉水而命名為「清水寺」。這位武士有著很長的名字，他便是當時效命於皇室的武將，坂上田村麻呂，漢字也寫做「田村麿」或「田村丸」；正如秦氏自稱是由秦始皇後代，而這位田村麻呂的祖先，也是渡來系「東漢氏」的阿智王，據說（請注意只是據說）是後漢靈帝的曾孫。

當時的渡來人，要在異鄉立足，似乎總得說出一個當地人從傳來的書中讀過的名號，即使以今日的邏

輯來推論，無論是否屬實，亦是可理解的。

桓武天皇在西元七九四年定都平安京，已是傳說中清水寺開山的十多年後。此時的坂上田村麻呂則被派去征討「蝦夷」（唸作えみし［emishi］或えぞ［ezo］），也就是日本東北一帶尚未歸順大和朝廷的原住民部落之統稱。當時桓武天皇派遣大伴弟麻呂、坂上田村麻呂共同率軍遠征。雖然兩個都是麻呂，但大伴氏（伴氏）原本就是大和朝廷古代的豪族，再搭配一位渡來人後裔的武將，簡直就是「魔戒遠征隊」了。田村麻呂並受封為「征夷大將軍」——沒錯，後世的武將欲登上最高位階，求的都是這個頭銜。

當時蝦夷有位勇猛善戰的部落頭目叫做アテルイ（aterui），漢字寫為「阿弖流為」[9]。他率領部落與朝廷軍隊周旋許多年；直到西元八〇二年，アテルイ和另一位部落首領もれ（more，漢字寫為「母禮」）終於降伏，帶領一群族人跟著兩位麻呂回到平安京。雖然田村麻呂為兩人求情，並建議讓他們回去繼續統治東北，但在那些不食人間煙火的貴族意見下，二人最終難逃被斬首的命運。

如果留意的話，當你喝完音羽之滝的水要離開時走下坡道，路旁就有一座很大的石碑，刻著「北天之雄 阿弖流為 母禮 之碑」，畢竟古代雖是蠻族反賊，但在現代

的史觀認為他們也算東北地方勇猛的先祖，應該受到崇敬，便在對他們懷抱善意的田村麻呂開基的清水寺中，立下這塊彰顯碑。這，是不是你去清水寺從來沒聽人說過的故事？

當我翻找相片，發現自己多年前便曾隨手拍下這塊石碑與說明，雖然邊走邊拍有點模糊，但還是留下了紀錄。

附帶一提，隨著阿弖流為和母禮的歷史地位平反，過世後一千二百年許多紀念的作品問世，包括小說改編的劇集《火怨》，分別由大澤隆夫和北村一輝飾演，高島政宏飾演坂上田村麻呂，配樂則由川井憲次作曲，這麼一說，是否又更有畫面？

當然，經過一千多年的流轉，目前旅客們所參觀

9 我查「弖」這個字有多種唸法，滴、替、戶等，因為是自創漢字，照例不必糾結。

的清水寺，已是經歷代擴建而成的龐大建築群；本堂和舞台則是由德川家光在一六三三年重建，未使用一根鐵釘，並於近年進行整修。祭祀的神佛也涵蓋了佛教與神道，可說是精華濃縮的日本信仰展示場，對於西方旅客更是極好的入門款；而對於進階版的宗教旅人，清水寺的奧之院、本堂、朝倉堂、太產寺，更占了「洛陽三十三所觀音靈場」五個位置。再加上周邊清水坂、二年坂、產寧坂等周邊好逛的坂道風情，以及本身的仁王門、三重塔以及鄰近的八坂塔，都是絕好拍的場景，也難怪成為京都歷久不衰的代表性景點了。

儘管清水寺周邊似乎永遠是人滿為患，但每隔一段時期，我依然很樂意回去走走；感覺每次總有尚未被發掘的細節，等待著旅人的關注。

七九四年→九四七年

平安奠都

——平安時代前期——

一、皇城內裏

七九四年 將軍塚

那天早晨，我將昨夜停妥的車，從三条河原町附近的停車場開出來。停車費是個整數，瞥見時，心簡直停止跳動了一拍；但這原是在京都市區停車的常態，只能怪自己無謀，未能做好計畫找一家有停車位的市郊旅宿。初次在京都租車，為的便是前往一些大眾交通不易抵達的史跡，例如將軍塚。

日本觀光局的網站上有這麼一段文字：

京都東面的東山上坐落著古老的將軍塚青龍殿，據說就是這個古老城市的起點，山頂處的大型觀景台二〇一五年落成，整個城市的壯闊美景盡收眼底，令這個原來名不經傳的景點成為京都最熱門的觀光勝地。據說當年桓武天皇來到此地為新都選址，由於登高遠望之景甚得天皇喜愛，於是在西元七九四年下令修建平安京。

許多人談京都，都從奠都平安京開始，我又怎能不對這個「起點」好奇呢？

此前還特別將二〇〇一年的《陰陽師》電影找出來看，片頭一開始，演的就是桓武天皇建立將軍塚，埋下將軍像與寶劍，祈求鎮封早良親王的怨靈，這樣一段情節。因而將軍塚也被稱為「平安京初始之地」，而當時所製作的身穿盔甲、手持弓箭、高兩公尺半的土偶將軍，朝向平安京方向埋入土中，據說平安時代末期，每逢天地異變，將軍塚必會出現地動前兆。

循著導航，過三条大橋，往東開去。這車是租來的 K-Car，亦即常在日本路上見到的「輕型車」，是特意挑選，比較方便在狹窄的京都巷道中行駛。

一般將京都盆地東側的山，皆統稱為「東山」。但如果要分得仔細，蹴上以南，被古代的東海道從中穿過，切成一個獨立的小山系，京都七口之一的粟田口便位於此地，是東海道的西端。市區的三条通往東一路延伸到山區，開著開著、很容易錯過通往山頂的東山ドライブウェイ（東山 Drive Way 觀光道路），須提前先靠左車道行駛。

左　青龍殿／右　青蓮院門跡

這區域的東山，北起粟田口，南至伏見桃山；附帶一提，最南端山腳邊，正是因來臺演出而廣為人知的橘高校之所在。彷彿是造物者刻意的安排，把東山擺在這裡，為市區增添了觸手可及的青山綠水、坂道風情，也成為世人熟知的京都景致代表之一，與西側的嵐山相映成趣。

上山後，首先遇到的「東山山頂公園」亦有展望台，有少數市民開車上來野營或練習高爾夫，我停車走到展望台上見不到什麼好風景，才意識到，不對，應該還要繼續往前行，直接開進青蓮院門跡的停車場，購票進入青龍殿庭園才是。將軍塚和大舞台，就在這庭園的一角。

儘管並非紅葉名所，但由於幾乎沒有遊客，等於是獨享整個庭園的景勝，卻是未曾意料到的愜意。首先來到青龍殿大舞台，正如觀光局的說明，眺望景色堪稱壯闊，但誠實地說，京都並非以建築群或天際線聞名的城市，除非你對於「看風水」有心得或偏好，

否則談不上特別驚豔，但應該仍是觀賞夕陽非常好的景點。

再往裡走，來到圓型的將軍塚，旁邊另搭建一高台，在冷冽有風的早晨登上，仍是有點忐忑心情。然而從台上俯瞰，則可將將軍塚、青龍殿、大舞台、東山北側以及遠方的市景一覽無遺，卻是慶幸自己登上來。或許因只有我一人，也不敢久留，事後想想未免失笑，因為這裡雖名為「塚」，埋的卻是土偶，更何況一旁的殿中尚供奉著不動明王，何需驚嚇？

後來我和一位曾在京都留學多年的朋友聊起，他說自己去過許多號稱陰陽界的景點，例如「化野」，都沒感到特別心驚，但來到將軍塚，卻也不敢待太久。我說，站在高台上，總覺得下一瞬間，就要發出地鳴、地動，搖晃起來的感受。從大舞台或展望台的角度，都看不到正下方的景物，日後從地圖上比對，才發覺此處原來就在高台寺後方的東大谷墓園上方，亦有小路可上來。瞬間理解了那搖晃感的來源。

儘管如此，來到這裡，仍像是一場必經的儀式。

容我引用一段林屋先生《京都》書中文字：「延曆十三年（西元七九四年）十月，桓武天皇車駕進入新京，並發布遷都詔書曰：此國山河襟帶，自然作城，因斯形勝，宜可新制，遂將國名山背改為山城。諸人謳歌新京，異口同聲曰：平安京。」

我在青龍殿大舞台上，亦輕輕喚出「平安京」之名；彷彿見證了一千二百三十年前，桓武帝來到此地之欣喜。

七九五年 平安京（復原模型—平安京創生館）

七九五年 平安宮內裏跡

京城奠都了。但在今日現代的京都市內，有哪裡還可以尋得當時的史跡？懷抱著如此好奇，在一趟旅程中，我前往位於上京區的「京都市生涯學習總合中心」，這裡不僅是京都市中央圖書館所在，還附設一座「平安京創生館」[1]。

搭公車到附近的千本丸太町，下車就見到路口的說明牌寫著「大極殿跡」，走幾步又見到「平安宮朝堂院跡」，油然而生「原來我現在正站在當時天皇上朝的地點啊」之驚喜。說明牌上寫道，大極殿等建築群是在遷都翌年，也就是西元七九五年落成。然而如今四周都是很普通的現代建築，早已看不出任何一點往昔京城的樣貌。

1 於二〇〇六年正式開館，最初開設時被稱為「平安京歷史區」，進行整修之後對民眾開放，除了常規的展覽內容外，還新增展板、展示的講解，以及大量的出土文物。

繼續前行到目的地，招牌上寫著「古典之日[2]紀念　平安京創生館」。館內最引人注目的展示，無疑就是以千分之一比例打造的平安京復原模型，據我所知，許多網站或書籍只要提到平安京，放的幾乎都是這座模型的相片。

以前一般的認知，從桓武天皇遷都平安京，直到近代明治天皇東巡至江戶，這座城市做為日本都城的時期長達一千零七十五年，是名符其實的千年古都，大家到京都旅遊也都沉浸在這種「千年」的風華與想像中。儘管我自己也常如此形容，但坦白說，所謂的千年古都，可能是一種誤解或想像，且過去印象中認為京都是屬於天皇或皇室的城市，但後來曾讀到一些日本歷史學者的著作，便提出「京都並非平安京」或「京都是武士締造的戰亂之都」等等論點。

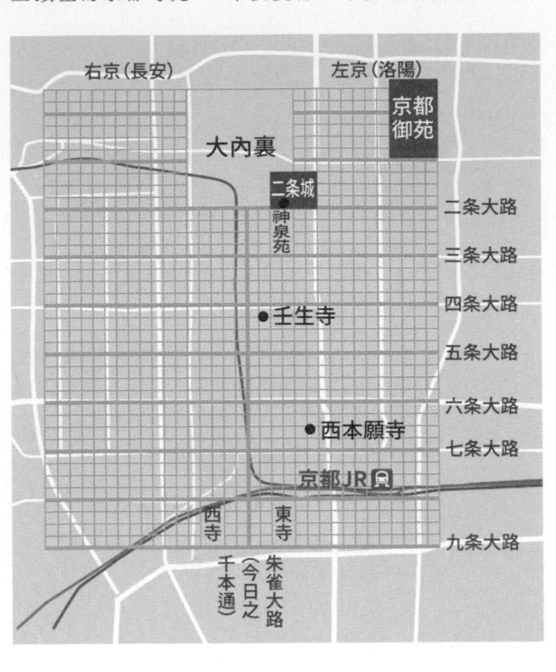

應該這麼說：古代的「平安京」，與後代的城市「京都」，其實是不能完全畫上等號的。

回到奠都之初，這座平安京，除了有四神相應的風水之外，它的整個城市規畫，是仿效唐帝國長安城的布局，較之前位於西南方的「長岡京」略大。大內設在

北部，大內正面的朱雀門，有朝堂院一郭，其中心為大極殿，是天皇聽政、舉行重要儀式的地方。

根據說明資料，古代京城「位於現在的京都市中心地區，跨越原本山背國葛野、愛宕兩郡，東西寬四點五公里、南北長五點二公里的長方形都城」。

平安京的北端中央是「大內裏」，亦即皇城。自大內裏往南，是貫穿京中的朱雀大路；朱雀大路將平安京分為左京、右京，東側稱為左京洛陽、西側稱為右京長安。原計畫應在平安京周圍築起高一丈、寬六尺的羅城，但終究沒有實現；朱雀大路南端建有羅城門，成為面南的都城正門，在羅城門左右兩側，建有東寺和西寺。

或許有細心的人發現，怎麼似乎左、右顛倒？原

2 「古典之日」為每年十一月一日，典故出自紫式部私人日記，她記載了平安時代的寬弘五年十一月一日，自己與貴族的一段對話，當中首次提到《源氏物語》中的人物名稱。此被視為《源氏物語》是世界最早的長篇寫實小說之證據，故以此日為紀念，並推廣閱讀古代典籍。

一、皇城內裏　七九五　平安京（復原模型—平安京創生館）／七九五　平安宮內裏跡

來，這是要從帝王坐的位置來看；既然他「南面而坐」，看出去當然東左、右西了。如上所述，平安京的規畫以唐洛陽城和唐長安城為藍本，並綜合了此前建造平城京的經驗，但未及修建城牆，且由於當時頻繁遷都，又討伐蝦夷，朝廷財力匱乏，事實上，平安京並未全部完成。

我在腦中不禁將過去的旅行經驗拿出來做比較：如果去過一些歷史悠久的城市，就會知道，它們多半有個會有個發源地或中心點。例如羅馬發源自台伯河東岸，被稱為「七丘之城」，現在到 Campidoglio 或 Palatino 這些山丘上，都還可以看到兩千多年來的建築層之遺跡；而巴黎則是發源於塞納河中央的西堤島（Cité），都有早期先民沿河而居、自然生活之條件。

但平安京，可說是為了政治目的、由人工選址打造的城市，儘管也特別選在鴨川與桂川中間，但憑空生出來，初期便少了生活感的累積。

事實上，定都不久之後，由於右京地勢低窪多沼澤，不利建設，便逐漸衰落。而左京，則是貴族公卿宅邸群聚，人口增長並發展壯大，左京洛陽逐漸成為平安京的代名詞，這就是為什麼後來戰國時代的大名進京要叫做「上洛」！初期京中居住人口不多，據統計約在十二至十三萬人左右，且有相當比例，是原本住在此地的豪族秦氏後裔。

若用新舊對比地圖來看，當時平安京的範圍遠比現今的京都市小，而且整個中

軸線偏西，究竟為什麼，整座城市在這千年之間、似乎往東橫移呢？這個答案，當然必須在日後的走讀中逐漸釐清了。

我站在平安京模型前凝望良久，幾乎不想錯過任何一個細節；而其實不只是京都，之前到上海、北京或其他城市，甚至台北探索館，都很喜歡看城市模型啊。總覺得每座城市，都該有這麼一座博物館或展覽館才對啊！

當然這間博物館也不是只有「硬」的東西，不只城市與建築，也包括平安時代的生活展示：男女貴族的裝束，包括過去曾在下鴨神社看過的「十二單」，以及「王朝料理 殿下的御膳」，還原當時貴族的日常餐食。這部分我也看得興味盎然，原來是以「唐果子」（不同種類的米果），以及鳥類和魚類為主體的食材。

非常知名的《上杉本洛中洛外圖屏風》複製品占據了整個牆面。屏風真品據聞是在米澤市上杉博物館，恐怕無法近距離觀賞，在這裡反而能盡情貼近，

觀看每個細節。此圖也被稱為「日本的清明上河圖」，圖中人物非常生動，雖然大多是後世的十六世紀才繪製，卻仍能從中窺見古代京都之生活風貌。

或許還值得一提的是，要建設這座學習總合中心時，在地下挖出了遺構，經考證此地是「平安宮造酒司」，目前在室外廣場，特地標示出造酒司倉庫跡的位置，算是愛酒人士的驚喜巧遇。

＊＊＊

從「平安京創生館」出來，在路旁地圖上，看到附近還有「平安京內裏紫宸殿跡」的標示，心想既然都來到此了，就走過去看看吧。

想不到，這區已經完全看不出任何史跡的樣貌，只留下幾塊說明牌，當時也看到一整排剛整修完畢的復古町屋建築群[3]，但除了地點位置是當時的紫宸殿與清涼殿所在地，附近周邊實際已完全沒有「京城」

的感覺。

那麼，原本的京城究竟去了哪裡呢？無疑就是在後世一連串的戰爭與火災中，宮殿建築基本全都燒毀，皇室也遷移到原本平安京東北角的貴族宅邸，也就是現今的「京都御所」；而原本作為大內裏的區域，後來就成了庶民的町家聚集之地。

尋訪平安京宮殿遺址的過程，儘管有些寂寥，但我還是慶幸來過。對照於現今的面貌，更深刻體會到歷史的劇烈變遷。

常見笑談，都說京都人講話有股貌似含蓄的驕氣，畢竟人家是住在千年京城的風水之上，在所難免吧。

3　後來查詢發現在此已經開設「平安宮　內裏之宿」的京町家民宿。或許要真正的歷史迷，才有心在此投宿，並期待夜晚與平安時代的人物相見（想起來怎麼有點毛毛的）。

七九六年　教王護國寺（東寺）

對你來說，京都的地標是哪一座建築？

若是從自助旅人的觀點來看，可能會說是原廣司建築師設計的京都驛，因為它畢竟是許多人抵達京都的入口；又或者，是車站對面、昭和時代所建的京都塔；但其實讀過一些京都市民或作家的答案，他們會告訴你，是東寺的五重塔。

我確實也有同感。每次從大阪搭電車前往京都，過了桂川之後，伴隨著車廂內即將到站的廣播，遠遠就可以看到黑色的五重塔，一見到它，就會覺得，「啊，京都到了。」

有次，搭乘近鐵電車往返奈良，進入京都驛的前一站便是東寺，評估仍有餘裕，便提前下車。從車站走向東寺僅約幾分鐘步程，路上有騎著自行車的外國旅客，顏色鮮豔的服裝，與古樸的五重塔對映成趣，這也是京都街上常見的風景。

這座五重塔高約五十七公尺，是日本現存木造古塔當中最高，也被指定為國寶。五重塔是由弘法大師空海於西元八二六年開始動工，前後耗時約五十年才完工；當然正如京都許多建築的命運，它也遭遇過許多次火災然後又反覆重建，現在我們看到的，是由德川家光捐贈，於十七世紀重建的版本，亦有三百多年歷史了。

一般像這種多層塔的屋頂尺寸，越往上層會越小，但東寺的五重塔，每層屋頂的尺寸卻都一樣，這樣的構造也成為這座塔的特徵，帶給人更莊嚴的感覺。五重塔是東寺的一部分，真正的主角當然還是寺院本身，正如下鴨神社是京都最古老的神社之一，東寺則可以說是平安京最古老的寺廟，正式名稱則為「教王護國寺」。

奠都平安之初，為了防止奈良時代的僧人干政往事重演，京城內不許建寺，但為了鎮護首都，仍在朱雀大路南端的羅城門東側與西側，分別建立了巨大的國家寺院，便是東寺與西寺。羅城門原有迎接外國使節的門面之角色，其後兩度因暴風雨倒塌，又因日後中止遣唐使，失去禮儀目的，便未再重建。西寺則是在平安時代末期被大火燒毀，唯有東寺保存至今。

文化財愛護
金堂

到了西元八二三年，嵯峨天皇把東寺賜給空海，也就是日後的弘法大師，直到他晚年進入高野山為止，都長期居住在東寺。空海將東寺做為密教的道場，建立了堂與塔等，成為真言宗的總本山；但建物在後世的一場農民暴動中遭遇火災而燒毀，在豐臣家和德川家等的援助下，才重建了金堂以及前述的五重塔。重建之後的殿宇建築，由南向北整齊地排列成一條直線，據說規模跟平安時代完全一樣；在整個京都，經過火災重建之後的建築，能夠如實重現初始面貌的相當稀少，更顯得極其珍貴。

由於我是初次到訪，便急於趁著金堂、講堂等開放拜觀，購票入內，感受莊嚴的氛圍，但因室內無法拍照，尤其這段期間內看太多佛像，難免疏於記憶，不免慚愧。這也算是一個經驗，寫下來提醒自己，下次要帶一小筆記本，記錄甚至繪製下來才行。其實東寺真正值得看的，還有每年春秋兩季特別開放的寶物館，除了珍貴的蒐藏以外，也被我的朋友譽為是春季賞夜櫻最佳場域。

這也再度印證：東寺，乃至於京都，來一次是絕對不夠的；期待有機會在不同季節，再來拜見。

二、王朝畫卷

八〇九年

野宮神社

說到嵐山，你必不陌生；但或許除了美景，還有更多值得知道的故事。

它既是許多旅客熟悉的熱門必遊景區，更是提到平安時代的「王朝文化」所不能忽視的區域；平安京除了集中於左京往東發展，也向外延伸到兩個區域，做為皇室與貴族興建別墅並遊賞之用，一西一南，分別是大家熟悉的嵯峨嵐山以及宇治。

特別要提到一點，現在一般旅人的印象京都到處都是寺院，但其實在平安時代，除了鎮護羅城門兩側的東寺與西寺之外，京城中是不准建造寺院的，所以大型的寺院，其實都是在最初平安京的範圍之外。

即使現在從京都市中心要前往嵐山，搭公車得花四、五十分鐘，而古代交通不便，這些貴族為何還要大費周章、風塵僕僕跑來賞玩呢？相信只要到過嵐山，就會

知道不是每座山、每條河都一樣；有些山川之組合，確實只有秀麗可形容。特別是在春櫻或秋楓時節，景致實在太美、太優雅了。

我在某個十二月初來到這裡，儘管楓況不佳，仍是遊人如織（其實是人山人海），即使如此，旅客看到這風景依然如癡如醉，更不用說當時更原始的風貌，如何令平安時代的貴族們喜愛了。準確地說，以桂川為界，南岸是嵐山，北岸則是嵯峨；渡月橋下的保津川、大堰川、桂川，其實是同一條河的不同段名稱，這段是因為古代秦氏建造「葛野大堰」因而得名，也算一個小知識。

＊＊＊

在嵯峨，有一座旅客們非常熟悉的小神社，如果搭小火車從龜岡到「トロッコ（torokko）嵐山駅」下車之後、穿越知名打卡景點竹林小徑，到轉角口就會

遇見野宮神社，在地圖上直接標示「可祈求姻緣的著名神社」，當年它的賽錢箱還是由台北萬華的一樂園大飯店捐贈，更合台灣旅客感到親切。

這座神社中的御守，多以《源氏物語》為主題，甚至官網都直接寫「源氏物語之宮」。起源是：日本古代有很長時期，會派遣未婚的皇室女性代表天皇、前往伊勢神宮侍奉天照大神，既有祭祀皇室祖先、亦有護佑皇室平安之義；被選上的皇女稱為「齋王」，前往伊勢神宮者又特別稱為「齋宮」，必須先來到這座位於竹林盡頭、小柴垣圍繞、又有黑木鳥居的野宮神社，來進行潔淨身心的「潔齋」流程。

而《源氏物語》第九、十帖中，便曾以這個典故為故事背景，也可說是極少數在一千多年前寫成的小說中便出現的場景，且至今依然原貌保存的地方。如果有機會再路過野宮神社，可別只把它當成一個熱門打卡點，畢竟這可是平安初期王朝文化的史跡啊。

每年十月第三個週日，齋宮行事保存會、嵯峨與嵐山的商店街，會共同舉辦「齋宮行列」活動，便是重現當年齋王前往伊勢神宮的陣容；除了每年選出一位「齋宮代」，市民也可自費報名參與，打扮成平安時代的模樣，想必要有點財力與體力才能負荷，但這是街區自主發起的文化活動，值得觀摩學習。

奉納木
祈祷料入れ
一本百円

八九五年

清涼寺（嵯峨釋迦堂）

一般旅客來到嵐山，大多是從竹林到渡月橋這一帶，可能還會順道參觀天龍寺或常寂光寺等，但如果你自許為更深度的旅人，那就不應該錯過北側靠山邊沿線，從清涼寺、大覺寺到仁和寺這一帶的史跡。

從渡月橋往北，最近也較容易抵達的是清涼寺，又稱為嵯峨釋迦堂。這個地點據說正是源融[4]的私人山莊「棲霞觀」，在他逝世周年（八九六年）時其子根據其生前發願侍奉了三尊阿彌陀像並改為棲霞寺，九四五年又建立本堂；日後又有一位出身自貴族的奝然[5]法師，西渡宋國五臺山（又稱清涼山）取經、返回京都後，在此地擴建為大清涼寺（九八七年）。見其山門，上頭即直接寫著「五臺山」。

我會來到清涼寺，除了探尋棲霞觀，另外最初的念想是由於御所中有個清涼殿，覺得這名字或許代表了與皇室之淵源。真沒想到，歷史愛好者的旅行，時常會

遇到「熟人」。這座不太大的寺院中，除了源融與奝然法師，竟又有聖德太子殿、南北朝時代的「小楠公」楠木正行首塚，以及大阪之陣諸靈供養碑，當你熟習歷史，處處都是意外的相遇。

甚至，竟然還見到一通「秀賴公首塚」。當下錯愕，淀殿與秀賴自刃之地，豈非在大阪城公園的角落？回來查了資料，才知道原是一九八〇年代的考古，在大阪城跡挖出二十多歲男性的頭蓋骨，曰有介錯之傷云云，推測可能是秀賴，故選了當年他曾「寄進」[6]的京都清涼寺供養，另有一處墓所是位於有血天井的養源院。

---

4 嵯峨天皇的十二皇子，嵯峨源氏融流始祖。據傳是後世《源氏物語》主角光源氏的原型之一，也是一位造庭家。嵯峨清涼寺、宇治平等院，以及下京區的涉成園，據傳原本都是他的別邸與庭園，真是風雅之士。

5 「奝」音「雕」。

6 自願將土地或財物捐贈予神社或佛寺的行為，其目的常是為了祈求國家安寧、領內安全、一門或個人的發展以及調伏仇敵等。

看資料才知，秀賴生前寄進諸多寺院，一說是為了修復戰國時期毀壞之建築與人心，養豐臣家之望；另一說乃是老狐狸家康為了耗盡豐臣家的財富而建請。無論如何，都說京都是千年平安之京城，然今日旅客所見，實則都是足利、豐臣、德川三家修建居多，難怪有人要主張，乃是武士建造的京都。此乃雜談也。

即使不是歷史旅人，在寺中的聖德太子殿旁，還附設一家叫做「葉迦梵」（ヴァガバーン，Bhagavan）的素食餐廳。我僅在窗外探頭，但去過的隔日，在臉書上見到朋友在餐廳中拍攝桌面與紅葉的倒影，簡直可媲美琉璃光院，令人驚豔，堪稱私密景點；不過一旦被發現了，未來可能就不再私密了吧（苦笑）。

無論如何，清涼寺都非常值得從嵐山特地過來一訪。從竹林出口左轉往北，不到十分鐘的步程即可抵達，由於旅客相對較少，可稱得上是嵐山的世外桃源；若是時間與體力允許，還可延伸到更北的大覺寺。即使往回走到天龍寺、渡月橋，都比一般人多看了史跡，獲得一處心底祕藏的風景。

上　聖徳太子殿／左下　法然上人求道青年像／右下　秀頼公首塚

八七六年 大覺寺（舊嵯峨御所）

人生中總會有一些旅行，是你當下可能還無法體會到它的重要性，但卻不斷在往後的日子產生意義的。

正如前述，二〇〇五年我曾擔任「陰陽師千年祭之旅」的領隊，當時規畫行程並擔任解說的蔡佩青小姐，現已成為淡江大學日本語文學系的副教授兼系主任。蔡老師在行程中精選與平安時代相關的景點，包括了大覺寺與仁和寺，直到十多年後重新梳理京都史，我才真正理解它們的重要性。

在當年的主題行程中，包括幾座寺廟，例如天龍寺、仁和寺、大覺寺等等。這些寺廟，雖然未必跟安倍晴明有直接關係，但或因《陰陽師》的電影曾在這些寺廟取景拍攝、或其與平安宮廷建築有關，也就成為讀者或粉絲必須去朝聖的地方。

從清涼寺往東的二十九號道路，又被稱為「宇多野嵐山山田線」，可說是一條

充滿了王朝時代史跡建築的道路。由清涼寺往東北步行約十分鐘，就可來到大覺寺，它有另一個名稱是「舊嵯峨御所」。顧名思義，是在平安時代初期，做為嵯峨天皇的離宮而建造，事實上這位天皇的稱號便是來自此地名。熟悉嵯峨嵐山的旅人，怎可不知這個典故？

大覺寺開山（八七六年）至今已有一千一百多年的歷史，境內有一座「大澤池」，是日本現存最古老的庭園人工池，自古以來就是皇室貴族舉辦賞月宴會的所在地，而且當時的朝臣還會乘小船到湖上聆聽古箏音樂，並撰寫慶祝滿月的詩歌。

京都有很多古老的建築，共有十七處被列入世界文化遺產受到保護；大覺寺因為沒有在名單之中，所以就可以外借給劇組用來拍片，成了熱門的取景聖地。事實上當我們去參觀的那天，就有時代劇正在拍攝。

除了《陰陽師》第一部電影以外，侯孝賢導演所執導的《刺客聶隱娘》也曾經在大覺寺取景。由於日本的平安時代初期是深受大唐文化的影響，特別是建築、服裝等等，而聶隱娘的故事也是出自於唐國的傳奇，所以當劇組要尋找一個能夠重現大唐建築風格的場景，反而不是去現在的西安尋找，而是來到京都，因為京都可能保存了更多當時的風情。以《門外漢的京都》而知名的舒國治先生，又豈不是一次又一次、來此尋找盛唐時期之面影。

拍攝時也有一些趣聞，由於古代日本人身高比較矮，所以迴廊不必建得太高，片中演員張震在走路時就要不斷的低頭，我在電影院看到這幕都笑了。走在大覺寺的走廊，地板會發出如黃鶯般清脆的叫聲，一方面可以警戒，提醒有人通過，一方面也是一種雅趣。

大覺寺不僅可以參觀，還可以抄寫心經。它被稱為《心經》的大本山，原由是當年日本全國流行疫病，嵯峨天皇就向空海大師求教平息的辦法，空海大師傳授天皇抄寫《般若心經》，並且親自向五大明王祈願，所以現在也開放給民眾或旅客預約寫經。同時它也是日本三大賞月聖地之一，往年九月底左右會舉行「觀月之夕」（賞月晚會），可以在大澤池乘坐龍頭舟、鷁首船，悠然賞月。

八八八年 仁和寺（舊御室御所）

嵯峨天皇的時代正是最澄與空海兩大高僧弘法的時期，是佛教大行於日本之開端，而天皇的陵墓也位於此地的御廟山頂，可謂充滿宗教氣息的區域。由大覺寺往東大約十分鐘車程，經過優美的廣澤池，又可以來到世界遺產仁和寺，它又被稱為「御室御所」，甚至連這整區的地名都稱為「御室」。

仁和寺於西元八八八年落成，同樣是在平安時代的仁和年間，也是第五十九代的宇多天皇讓位成為法皇之後居住修行之處，而且直到明治維新的近千年間，都由皇子皇孫擔任「門跡」的寺院。

既為世界文化遺產，它的建築和庭園皆極為精緻優美且具有歷史價值，其中一座「宸殿」雖是明治時代才建造，卻被認為是當時最高標準的木造建築。附帶一提，在二戰結束後，這裡曾一度被考慮做為昭和天皇退位後的居所。

総本山
仁和寺

雖然仁和寺似乎在台灣旅客之中沒什麼名氣，但卻是日本國內旅客絡繹不絕的必訪之地，寺中有一株「御室櫻」更是日本賞櫻名勝百選之一，或許下次再到京都賞櫻，可將它列入名單。

＊＊＊

正由於大覺與仁和二座寺院，皆與平安前期的皇室有關，後世的南北朝時代，更曾出現「大覺寺統」這一支皇家血脈；因而如果想要體會王朝文化的全貌，應是不能錯過的，絕非只有宗教或賞景的意義而已。

以上提到的清涼寺、大覺寺、仁和寺，我最早是搭乘遊覽車前往，反而搞不太清楚位置，最近一次去則是自駕，方位就很清楚而且相對省時便利；如果採用大眾交通工具，還是有公車以及京福電鐵可以搭乘。京都的旅行方式，其實可以非常多元。

三、怨靈傳說

八六三年 神泉苑

許多旅人來到京都，或許並非如我一般醉心於史跡的探尋，而是單純享受傳統的「喫茶」咖啡館之閒情，都無妨，其實自己同樣熱愛旅行中邂逅風格小店，只是被「歷史宅」的形象給掩蓋了（笑）。

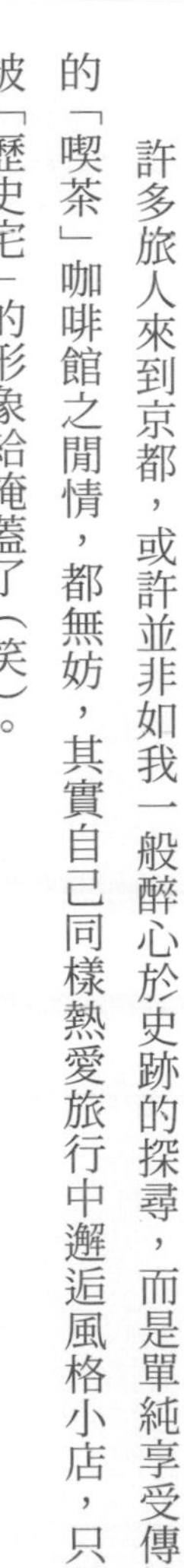

例如，在御池通與神泉苑通路口，有這麼一間開店於一九六八年、散發著濃濃的昭和風格的咖啡館，喫茶チロル（Tyrol）；Tyrol 這個名字源自奧地利與義大利交界的提洛爾邦，許是店主當年的旅行回憶，又或是對於維也納咖啡館文化的致敬。某個二月的冷冽午後，我走進這家店，點了咖哩吐司麵包與特調咖啡套餐，原本在戶外行走與取材的寒意瞬間融化；還注意到，店內客人似乎也有來自台灣的、懂門路的旅人。

原來這家通常被視為二条城附近的咖啡館，多年前便曾被台灣旅日作家卡瓦納介紹過，他並提到，「店中的咖哩飯和早餐小有名氣，是地元民眾經常到訪的咖啡老店」；但我其實是從平安京創生館循著地圖導航走來，途經二条城的外壕，真正之目的地，是神泉苑。

《京都》一書的序章〈湖底的風土：神泉苑〉，林屋先生破題便寫道：「京都是從神泉苑誕生的，但拜訪京都的人卻很少聽聞神泉苑之名。」這段文字太令我感到好奇，便決定非要來此看看不可。

原來，上古的京都盆地，亦即山背或山城國，原是河川與沼澤縱橫的一片溼潤土地，據說更古遠之前，甚至是連接大阪灣的江灣。這樣的風土，竟令我想到台北盆地，在郁永河的《裨海紀遊》中，亦曾留下後世被稱為「康熙台北湖」之記載；而近代的京都，又因運河交錯，與台南的五條港等樣貌類似；總是這般在旅程中交互印證比對著。直到近代，京都盆地與奈良盆地之間，仍有廣大的巨椋池存在，想像當年無論從北路或南路進入此地的移民者，見到的無疑是環繞著群山的水鄉澤國之景色吧！

神泉苑所在的位置，便是當時平安京中心一處湖泊之所在，並被稱為「御池」；而現今的「御池通」、「烏丸御池」等地名，即是自當時流傳下來至今。但由於

コーヒー&
カレー
チロル
コーヒー&
カレー
チロル
UCC
玉子サンド
800円
カレーライス
800円

後世武家時代在此興建御所等堡壘式建築，逐漸填平或侵蝕了御池的面積，特別是德川幕府時代建造宏偉的二条城，更將水域縮限到如今南側一隅，簡直像外雙溪公園的小池塘般之現狀。

儘管如此，由於它的悠遠意義，我仍不願小覷。正如京都市內某幾座建築一般，究竟應該以哪個歷史階段來定義它，頗花了一些心思；從盆地誕生時之湖底風土、王朝初期皇室貴族賞櫻之名所、空海大師勸請善女龍王祈雨成功之靈場，到歷史迷們津津樂道的源義經與靜御前邂逅之浪漫……神泉苑可以被書寫的題目，簡直有點太多。

然而最終令我注意到的，則是在西元八六三年，由於京城疫病橫行，為了祭祀包括早良親王（後追贈謚號崇道天皇）在內等「六所御靈」，曾在此進行御靈會；六年後，又在神泉苑南側，豎立了六十六柱「鉾」，並由祇園請出神輿巡行至此。

是了，今日京都三大祭之一的祇園祭，發源地不在八坂神社（祇園社），也不在上、下御靈神社，而是——神泉苑。我獨斷地認為，這才是神泉苑對今日京都，最重要的歷史意義之所在。

當然，隨著後世舉辦祭典的區域重心東移，神泉苑早已不再是「山鉾巡行」的路線，而成為有心人才會來到的一池小小的庭園，但我初次來到，依然為它如今小

巧而多樣、有橋有池有亭閣的景觀著迷。境內除了大的法成就池，尚有一塘小的心鏡之池，據說望向池面，可映照出人們心底真實的喜怒哀樂之容顏；或也因此，此地被視為京都市區「能量景點」（power spot）之一。

能量景點，又譯為「能量點」或「氣場」，是日本近年非常風行的旅行主題之一，我曾應邀參訪的許多地方城鎮，都紛紛發掘做為旅遊行銷的亮點，簡直快走火入魔（笑）。以個人的體驗，越古老、自然的場域，即使只是靜靜地待上一會，也能獲得身心療癒的感受。或許，正因生命太脆弱，人世多混濁，日常多煩憂，更需要給自己去能量點旅行的理由，哪怕只是私心相信都無妨。現今的神泉苑雖然不大，卻彷佛是京都歷史菁華之縮影，匯聚一處，確有其必訪之價值。

出了神泉苑，往西看去，應該就能見到喫茶チロル的招牌。別的不說，光是來此一趟，能夠遇見這家咖啡館，我就打從心底充滿感激。

既然提到了御靈會，日本三大怨靈，亦將由此一一登場……

九四〇年 京都神田明神

行至此處，必須先解釋一個名詞：「臣籍降下」。當皇族人數太多時，為了不要發生皇子或親王爭位的狀況，就把非嫡系的皇室子弟「賜姓」降為臣民，讓他們自力更生，或者成為武士，派駐各地鎮守，繼續守護皇家。

例如，嵯峨天皇據說有子女五十多人，就把其中三十二名皇子降為臣下，賜姓氏「朝臣」與「源」（みなもと，minamoto），是為「嵯峨源氏」；淳和天皇又降格桓武天皇孫子，賜氏「平」（たいら，taira），是為「桓武平氏」。原本是希望這麼做能永保「平安」，沒想到從此反而就不太平安了，至此，故事的舞台與條件已經具備。

平將門，算起來是桓武天皇第五代子孫，父親是關東下總國鎮守府將軍。將門因紛爭而公然反抗朝廷，成功控制關東八州並自稱「新皇」，而出身貴族後代的「平安海賊王」藤原純友，也幾乎同時在瀨戶內海一帶發動叛亂，合稱為「承平天慶之亂」（九五三年）。

京都
神田明神

但是不久，平將門就被同為平氏和藤原氏的朝廷追討軍擊敗而戰死（九四〇年），首級被帶到京都示眾。根據民間傳說，平將門的首級不僅不腐爛，還發出巨響飛回關東，被民眾以及後來的坂東武士們偷偷祭祀，最終竟然成為「江戶總鎮守」，祭祀在東京的「神田明神」。

我曾在平成與令和改元之際，特地前往東京體驗，並前往神田明神參詣；之後來到京都，從嵐山搭京福電車回到市區的四条大宮，往烏丸方向走去，意外瞥見地圖上竟有「京都神田明神」的地標，不禁好奇。依指示行至「膏藥辻子」，是一條窄小的巷道，道旁有座小小的鳥居，竟便是神田明神之所在。

閱讀指示牌，此處原是創建六波羅蜜寺的空也上人，曾在此開設道場，為了安鎮平將門之怨靈而在道場一角供養。我習慣性地合掌參拜，卻不知為何感覺頭隱隱痛起來。或許是氣溫太冷了吧，我想，但隨後意識到，在江戶（東京）拜將門乃是正常，但京都是他含恨之地，心下不禁幾許涼意。又飄起細雨來，只好快步走向「古今烏丸」，點了一杯熱咖啡才找回溫暖。

「承平天慶之亂」雖被平定，卻也似乎為平安前期的王朝歲月，在華麗璀璨的畫卷中，抹上一筆陰霾；關於怨靈與鬥爭的預感，將悄悄地到來。

九四七年
北野天滿宮

有一個景點，雖不像清水寺這般舉世聞名，在 Tripadvisor 的京都景點也只排在第五十名，然而在東亞文化圈卻頗有人氣，相信也是許多人曾經去過的，就是「北野天滿宮」。

正如許多人知道的，北野天滿宮是日本全國約一萬兩千座天滿宮或天神社的總本社，也是「天神信仰」的中心，影響力不可謂不大。

這位「天神」，又被稱為「菅公」，正是平安時代的貴族、學者、詩人、政治家菅原道真；他生活的年代約莫是西元九〇〇年前後，對照於唐帝國的末期。雖不必特別記年份數字，但理解這樣的時空背景，有助於認識菅原道真的意義：一方面遷都平安京已數十年，規模底定而尚未衰敗，且東北外患蝦夷已平定，同時有遣隋、唐使帶回來的宗教、文化、建築、典章制度等等，可說是平安時代初期的「王朝盛世」。

菅原氏的祖先是土師氏，也就是以土偶代替殉葬而設的職務，從古墳時代至

描寫菅原道真先祖野見宿禰的故事，而土師的「氏寺」也是大家熟悉的名字，就是「道明寺」。

菅原道真既出身自有文化背景的名門，自身又聰慧好學，三十三歲當上文章博士，而且仕途順遂，最終當到右大臣，可說是位極人臣。重點是他還被曾指派為遣唐大使，但也正因唐帝國已到強弩之末，故道真建議廢止遣唐使，終結了將近三百年遣隋唐使的時代，而這段期間吸收的養分繼續在日本國內發展演化，從過去奈良時代的「唐風」，逐漸形成獨特的「國風」文化，成為日本「有點像又不太像」唐帝國的獨特風格，也可說是菅公直接或間接的影響。

但也由於他被天皇不斷提拔晉升，做為制衡外戚權臣藤原氏的象徵，導致藤原氏結合中下層貴族反撲、誣陷他意圖謀反，結果被謫貶到九州大宰府[7]，「去年今夜侍清涼，秋思詩篇獨斷腸」，兩年後抑鬱以終。

7 附帶一提，「大」宰府是當時官府名稱，至於做為地名則稱為「太」宰府，但日語讀音相同。

御歌
東風吹かば匂ひおこせよ梅の花
あるじなしとて春を忘

據《北野天神緣起繪卷》中描繪的民間傳說「清涼殿落雷事件」所述，菅公化身為怨靈，用雷劈死了曾經參與迫害他的藤原清貫；這或許只是巧合，但從皇室到民間不敢不信，因此建立了北野天滿宮來祭祀道真。其實根據考證，此地原就有北野神社祭祀雷神，供奉聖牛，原是農耕時代祈求風調雨順與豐收的場所；而由於上述落雷事件後，將菅原道真視為雷公、奉為天神合祀於此，久而久之，成了唯一主神，而殿前的銅牛也被附會為是菅公的坐騎。

無論如何，我都認為是「心誠則靈」，做為歷史文字寫作者，對菅公也相當尊敬。過去便曾數次造訪並參加市集，疫情之後回到京都做歷史探訪時，某日黃昏從後門進入天滿宮境內，雖未能趕上最後參拜的時間，仍在門外向菅公致敬；樓門上的匾額寫著「文道大祖　風月本主」，梅苑中的花，依然盛開。

天神信仰由此廣傳到日本各地，還有「菅公聖蹟二十五拜」的朝聖行程，在各地都可遇見天滿宮，當然也包括九州福岡的太宰府，以及位於京都錦市場角落、相當有人氣的錦天滿宮等等。其實，在日本各地，祭祀源自於自然信仰的神道，以及海外傳入的佛教之菩薩或高僧的神社寺院，多不勝數；然而以「人」為崇拜對象者，相對較少，這與台灣的民間傳統信仰，正好可以做個對照。

儘管菅公已被尊為天神，我卻感覺那是對於人性提昇之期許，或許正是因此而受到民眾的景仰吧。

不知為何，驀然想起《倚天屠龍記》小說中明教祈禱文的最後兩句：「憐我世人，憂患實多！」人縱有懷憂喪志之時，但若能堅守品格，即使過世之後，仍能活在人們的心中，成為一種寄託。我總認為，這才是「永生」的真正意義。

八五三年 → 一一九二年

洛中洛外

——平安時代後期——

楔子[1]

當我循著歷史的順序，走讀到平安時代的中後期，發現如果要以建築對應年代，十分困難，因為當時的木造建物，多半已燬於戰火。

經過一番梳理，我領悟到：若要用最簡單的方式說清楚，還是得從「人」的視角出發，提及與其相關或代表的建築。

他們是：安倍晴明、紫式部、藤原道長、白河帝、鳥羽帝、崇德帝、平清盛，以及後白河帝。

而這段時期，恰好對應日本兩大古典名著《源氏物語》與《平家物語》之時代背景；如此以建築、人物、書本，以及影劇作品相互對照，無比豐富了旅行之目的。

1　作為本章名的「洛中洛外」這詞，疑似後世才有，但作為形容平安京內或外的名詞，還是簡明扼要的，故用之。

一、陰陽交界

一〇〇七年

晴明神社

如前所述，為了安撫早良親王的亡魂而在神泉苑舉辦御靈會，空也上人開設道場以安鎮平將門，將菅原道真奉為天神並以天滿宮祭祀之；隨著這些與怨靈相關事件的漸次登場，進入中期的平安朝廷，原本如畫卷般燦爛之王朝貴族生活，天空中似乎開始沾染了雲霧陰霾。

或許是單純的巧合：倘若這個時期，有人以「晴明」為名，是否隱含著有撥雲見日之意義，而令皇室與貴族，得以安心將命運與心靈交給他？可見取對名字，對人的仕途很重要（笑）。

京都的晴明神社，位於「西陣」（後世因應仁之亂〔一四六七至一四七七年〕的典故而命名）之地，平安時代曾是安倍晴明的居所；雖然是一個小小的神社，但

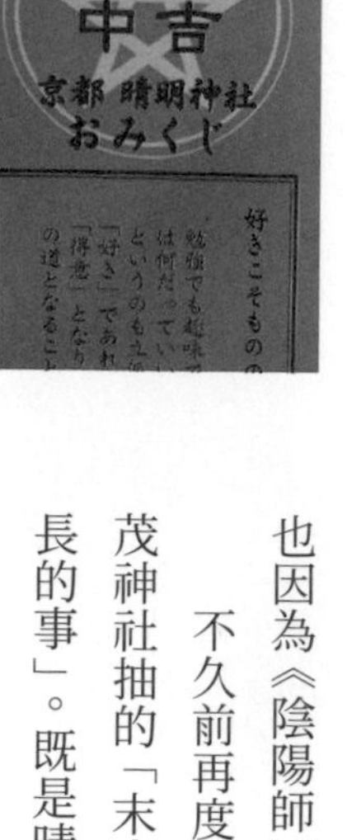

也因為《陰陽師》爆紅的關係，也成為一個熱門景點。

不久前再度來到西陣，走去神社向晴明公問安，參拜並抽了一籤。比起在上賀茂神社抽的「末吉」，略有長進，升格到「中吉」，籤詩中指示「要做自己喜愛並擅長的事」。既是晴明公的囑咐，自是不會錯的，繼續走就對了。「好きだから。」

安倍晴明，是真實存在於日本歷史上的人物，出生的年份據說是在西元九二一年。由於缺乏可靠的史料，關於他的早期身世有許多想像，包括傳說她母親是一隻名為「葛之葉」的白狐等等，但多半是後人的穿鑿附會。比較可信的說法，是他出身於下級貴族世家，父親安倍益材，是宮內的大膳大夫，也就是負責宮中用餐的食材管理跟調度的職位，用現代的話說，應該就是「天皇的料理番」吧。

晴明曾經在陰陽師前輩賀茂忠行和賀茂保憲門下學習；陰陽寮分為三個部門：天文道、曆道、陰陽道，安倍晴明被賜予的則是天文道的宗家身分。歷史上有關他的確實紀錄出現在西元九六〇年，村上天皇任命晴明占卜，當時晴明已四十歲，可謂大器晚成，但他的占卜才能得到了貴族社會的承認，之後被任命為「天文博士」。[2]

當然，安倍晴明會在今日再度聲名大噪，廣為人知，主要還是得力於日本作家夢枕獏，以他為主角寫成了《陰陽師》小說。這部小說在一九八八年首次出版，然後在一九九三年由岡野玲子改編為漫畫，到了二〇〇一年，又被改編成電視劇、電

影跟舞台劇等等，近年又因手遊和動畫而廣為人知，紅到發紫。

晴明從一個身世不明的下級貴族，最後獲得「從四位下」與「播磨守」的官位，想必一定有其過人之處。而且，在晴明過世（一〇〇五年）不久後，他就已經被神格化，日本的歷史傳記《大鏡》和民間傳說《今昔物語》、《宇治拾遺物語》中，都記載了不少有關晴明的神祕逸話；而他的後代「土御門家」甚至一直傳到明治時代，都還繼續擔任陰陽師以及貴族院議員的角色。

晴明過世兩年後的一〇〇七年，一条天皇親自下令建造神社來祭拜晴明，可見他當時在皇室心中地位之崇高。根據舊文獻記載，晴明神社建成時的規模宏

2　附帶一提，一九七六年，由日本人發現的一顆小行星，還特別命名為「5541 Seimei」，也就是說，有一顆叫做「晴明」的星星在天上。

大，然而在經歷過許多戰爭和都市的重建之後，縮小了它的規模，也有不少舊書和寶物丟失；神社建築曾一度年久失修，近年因翻紅而整建。

目前的神社規模雖然不大，但是有很多跟《陰陽師》作品有關元素在這邊都可以找得到。好比說，進入神社之前，會看到一座縮小版的「一条戻橋」，這是在故事中常常出現的京都一大魔界聖地。真正的橋要再往南走到堀川旁，是經過新建的；而祂原本的舊石墩，就被存放在晴明神社前，彷彿是讓他鎮守著。

參拜之前，必須先用「晴明井」的淨水，是京都名泉之一，傳說具有療傷平氣的功效。五芒星狀的石井，到了每年春分，會將出水口轉向吉位，以求更佳的良運。傳說茶道名家千利休也曾來此取水泡茶。

本殿大燈籠上一黑一紅的五芒星散發出獨特的氛圍，本殿內左手邊砂地上，有一座寫著「晴明社」的石燈籠，以及雕刻五芒星的鬼瓦。晴明的五芒星象徵陰陽道的五行，又稱「晴明桔梗紋」，因為桔梗花

正是五芒星的形狀。而當五芒星變成一種咒印之後，就像日本古時流傳的朱印、手印一樣，具有鎮鬼封魔的神祕效力。

神社旁邊還有一座桔梗庵，是紀念品專賣店，如果是「陰陽師」的粉絲來到此，相信又要買到失心瘋。我想很多人跟我一樣，到日本的神社或寺廟，都會買一些御守回來，無論是做為裝飾，或者真有保佑的靈力，都是很好的紀念品。

在我父母家就有一座玻璃櫃，擺放著過去歷年帶回來的御守，其中就包括了晴明神社，目前也都還在照看著我們的家。而如果你在京都搭公車，相信也會注意到玻璃窗上貼著晴明神社的紅五芒交通御守，即使過了一千年，晴明公依然每天在各個角落，守護著這座城市。

要更完整的話，可以再加上位於嵐山寧靜的住宅區角落的「陰陽博士安倍晴明公嵯峨御墓所」，也就是晴明的墓。或許是由於《陰陽師》爆紅時來此朝聖的粉絲太多，擾人安寧，社區還特別立了告示牌，告誡來人勿吵鬧。說到底，拜見這位大陰陽師的墓所，原本就該有肅穆之心吧。

二、藤原繁華

一〇〇一年 廬山寺 ｜ 一〇〇八年 源氏物語博物館[3]

關於記憶。有點年紀之後，讀過、去過太多地方，難免產生記憶紊亂，只能於腦海中細細翻找。二〇二四年的NHK大河劇《致光之君》，講述的是《源氏物語》的作者紫式部生平故事。此劇中同時出現了三位人物：安倍晴明、紫式部，以及藤原道長；我才想到，是啊，這三位算是同一時代的人物。安倍晴明出生於九二一年，藤原道長九六六年，紫式部約九七三年，符合劇中的設定。

當三郎（道長）和真尋[4]（紫式部）在編劇筆下展開少年時的相遇與思慕時，晴明已是為皇室與貴族服務的陰陽師。不同於過去小說影視中俊美飄逸、法力高強的常見設定，此劇中的晴明，是藤原北家用於政治鬥爭的一枚棋子，臉上掛著一雙

因夜觀天象而永遠睡眠不足的黑眼圈。

或許，這更接近歷史上真實的睛明樣貌吧！是一位以陰陽學知識積極晉身政界的高手，開創安倍家以及後繼的土御門家，做為歷代官方陰陽師之路。

＊＊＊

過去讀過《京都歷史事件簿》一書，可謂相關主題的早期參考書，惜仍未以年代順序編排，而是挑選幾項重點介紹。作者林明德在自序中寫道：

在京都，「探頭寺」很多，街頭巷尾，處處寺院神社。……（中略）到了廬山寺，我毫不猶豫走了進去。為什麼？因為它的故事。如果不是《源氏物語》的作者

3　雖然不完全符合其他史跡以建築年代做為時代順序的做法，放在這裡，是希望能反映這部被視為世界最早的寫實小說，在歷史中的位置。

4　劇中為原文まひろ（mahiro），此採用通譯。

紫式部曾駐足於此，如果不是我知道了這件事，廬山寺可能就像京都其他眾多寺院一樣，從不會出現在我的旅遊地圖上。

廬山寺，原是紫式部的曾祖父藤原兼輔時代就有之宅邸[5]，也正是大河劇《致光之君》中女主角成長的地方，寺內有一座「源氏庭」，寺方更直接在門口寫著「紫式部宅邸址　源氏物語執筆地」，據說約西元一〇〇一年真尋喪夫後，就回到這裡養育女兒，開始寫下《源氏物語》，並以筆名「紫式部」[6]發表。

查了地圖，廬山寺位於京都御苑東側的寺町通，卻意外地不容易抵達。原因是寺町通到了此段，已經縮減成兩線道的小路，並沒有公車可以抵達；甚至連計程車司機都不太清楚在哪，卻也增添了一點「祕境」的樂趣。我拿著手機與司機沿路溝通，終於趕在下午四點閉門前，來到這座寺院。

或許是因為大河劇的緣故，造訪的旅客多了，從

門口就有工作人員指引，我小心翼翼，按照「順路」的標示，見到了傳說中的源氏庭。庭院並不大，也不算特別驚豔，但「庭以人貴」，有年輕情侶與婦女小團，紛紛在此拍照留念。

除了庭院，或許更值得一看的，是寺中關於源氏物語的文件展示；在大師堂中，甚至還有一尊據傳是後世明智光秀念持的地藏菩薩，都是意外的驚喜。不過參觀完之後，就必須沿著御苑旁的小路，回頭走上十多分鐘，才能抵達最近的公車站牌了。

＊＊＊

一直記得去過位於宇治的源氏物語博物館，翻出照片時才驚覺，竟已過了十七年；諸多展覽細節清晰如昨，可見它留給我何等的好印象。

由於年代久遠，《源氏物語》正式成書時間不可考，只能從同時代的各種紀錄中去考證，公認為一〇〇八年。而源氏物語博物館於一九九八年開館，正是成書後的九百九十年；我記得館中不僅透過模型及影像介紹光源氏以及《源氏物語》之〈宇

5 根據說明，廬山寺原是元三大師於與平安時代在船岡山創建（九三八至九四七年），後來因豐臣秀吉時代將寺院集中管理，故遷到此地（一五七三至一五九三年），設在紫式部宅邸的原址。

6 「紫」是書中的女型角色之一；「式部」則據傳是其父祖之官職，等同於現今的文部省。

治十帖〉，也根據主題劃分展示區，除了常設展示之外，還不定期舉辦由各種不同的藝術家根據小說情節與人物創作的藝術品，能讓每次造訪都有新意。當時還見到「桐塑人形」的展示，極其精緻小巧，男子漢看了都被軟化了……

如果喜愛日本的抹茶，以及類似像宇治金時的這樣的冰品，又或許對《源氏物語》的世界有興趣，真的可以在市區之外，安排一段宇治的半日遊；當然，若與平等院，以及京都現存最古的宇治上神社同遊，時代感就更重了。而在仿古造型的宇治橋頭，更有一尊紫式部像，吸引著過往遊人的眼光，昭示著這位才女的存在感。

紫式部像

八五三年 禪林寺（永觀堂）

八六六年 白河院跡

一〇一九年 法成寺跡

深秋的禪林寺永觀堂，「紅葉的永觀堂」。在京都幾天，主要還是到處探訪，對紅葉抱持著隨緣的態度，但臉書上的動態不斷跳出來，說永觀堂楓況排名年度第一，終於在還車之前，看著還有時間，便直接開上山坡去。

這個眾多旅客公認「最好拍」的景點，來了之後就感到，真是名不虛傳啊。所謂好拍，並不見得是要一大片，而是隨著建築與庭園的設計與巧思，每個轉角或角度都是美景，甚至有多種層次的葉片顏色，才是王道。寺中有一尊回首阿彌陀佛立像，是佛對永觀法師說「走太慢了喔」，相當發人深思。

來到永觀堂，帶著試圖釐清歷史順序之幾許煩惱，希望佛也能回頭看看我啊。

從奈良到平安時代的日本朝政，有一個家族是不可能忽略的，但要如何讓他們、在哪裡「登場」，卻令我傷透了腦筋。因為，在京都，和他們有關的史跡，既

是太少，又是太多。太少，是因為年代久遠，又非如前述的神社等建築，連王城皇宮都撐不過千年中的戰禍，更遑論私人宅邸。太多，則是我在踏查過程中，驚訝地發現，有許多我們熟悉的寺院，過去其實都是這個家族的私人物業。

這個家族，當然就是藤原氏。

禪林寺這片土地原址，便曾是藤原北家的藤原關雄之山莊所在，由空海大師的高徒真紹買下改為寺院（八五三年），後由清和天皇賜予「禪林寺」號，經過歷代增建才成為今日樣貌。

藤原氏和古代日本史有著千絲萬縷的關係，相關書籍例如日文書《藤原氏一千三百年：由超名門一族解讀日本史》，或甚至說「藤原氏才是日本史真正的主角」等，顯然不是三言兩語可以講完的，但如果要講京都史，又不可能繞過藤原氏。

這個家族從飛鳥時代、奈良時代進入平安時代，

經過兩、三百年，此消彼長，各分支之間當然也產生階級不平等，當時平安京的高階貴族主要就是藤原北家，以及與歷代天皇有血緣關係的源氏，至於紫式部的父親藤原為時是文人派低階貴族，他的老師還是北野天滿宮祭祀的「菅公」菅原道真的孫子。

當然，藤原氏的榮華頂點雖在平安時代，但進入後世其實也並未消失，只是又依據住所分為近衛、九条、鷹司、一条、二条、西園寺等等，在皇室的影響力直到近代。雖說現代藤原姓，與古代藤原氏已經未必有血脈傳承，但明治維新時期規定民眾要有「苗字」、也就是姓氏，當時就產生許多「藤」，例如佐藤、伊藤、加藤、齋藤等等，其中只有後藤據說真是藤原氏後裔。

從以上簡短描述，應可約略理解藤原在日本史上無可忽視之存在感了。

＊＊＊

我在考察的過程中，驚訝地發現原來京都有許多大家熟悉的景點，在古代都曾是藤原氏的「別業」、也就是別莊之所在，後來才捐給皇室或做為寺院使用。例如位於古代東山道起點附近，最早是北家的藤原良房之別業「白河院」，這位良房也是家族首位攝政（八六六年），也被稱為「白河殿」。

除此之外，還有以方丈庭園的枯山水之極致聞名的龍安寺，原址曾是北家的藤原實能之山莊；而以「金閣」之名為世人所知的鹿苑寺，是南家的藤原公經建立的西園寺兼山莊；位於嵯峨的天龍寺派厭離庵，則是北家的藤原公家編纂和歌集「百人一首」之小倉山莊。

千年前的平安京藤原氏，又怎能想像，他們的別業或山莊之地，如今至少有以上三處成為世界文化遺產呢？

除了王城之外的別業、別莊之外，位居朝政中心的藤原家，應該不可能離內裏太遠，只是年代太久，許多建築早已不復存在。經過仔細查考，藤原道長日常的宅邸「土御門殿」，原是位於平安京東北角，現今的京都御所內仍留有土御門邸跡之石碑。這個位

二、藤原繁華　一〇一九　法成寺跡

置，事實上便和紫式部宅邸址極近，如今與廬山寺亦只隔著御所宮牆。

看來，《致光之君》的編劇想像兩人曾有的思慕與情史，亦非完全無中生有。[7]

＊＊＊

就在廬山寺南側，還留有道長創建的法成寺史跡，如今雖只是巷道一旁寂寥的解說牌，但根據記載是「攝關時期最大級之寺院」，又被稱為京極御堂，「御堂殿」亦是道長的稱號之一，是他晚年出家（一〇一九年）居住之處。

我在細雨中，沿著寺町通往回走，途中又遇見一所「京都市歷史資料館」；看了沿革，原是在昭和時代，蒐集京都市民寄贈的各種古文書而成立的京都市史編纂所，之後對外開放，有簡單的展覽與閱覽室，當期展覽主題正是《源氏物語》。

儘管道長的法成寺僅餘荒神口通旁的石碑，但能夠確認當時他的生活區域，便在平安宮牆外至近之處，亦是了了一樁心願。緣此，我用法成寺建成的年代，做為

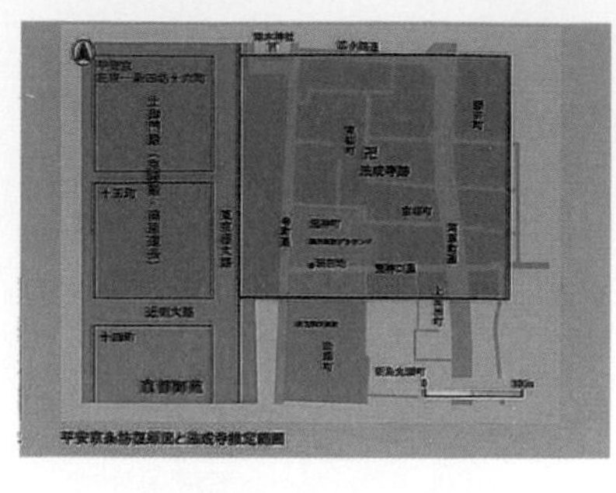

平安京条坊復原図と法成寺推定範囲

這一整段藤原家遺址踏查的結尾。

由於當時「最大級」的法成寺早已不存，現在只能憑想像；或者，禮失而求諸野，只能到京城之外去尋找當年的殘影。

7 根據資料，紫式部約一〇一四年過世，芳齡四十一；而藤原道長於一〇一九年出家，之後活到了六十二歲。我寫下這些文字時，《致光之君》尚在播映，還不知編劇大石靜會如何處理後續的劇情，卻是滿心期待的。

一〇五二年 平等院鳳凰堂

旅行難免遇到不測天候。那天搭電車來到宇治附近，見天降暴雨，便在驛前搭上計程車，說要去平等院，司機熟門熟路，直接將我搭到南門上方的入口，而非一般常走的表門參道；我到後來才知道可以少走一大段路，不禁在心中懷抱感激。

由於過去多次到京都，都專注於幕末史跡的探訪，直到近期才第一次到訪平等院，朋友們都直呼不可思議。雖然天雨，但另有一份意境，令人不禁吟詠起「南朝四百八十寺，多少樓台煙雨中」的詩句。唐代詩人杜牧的這首詩，形容的雖是建康（南京），而我也的確造訪過南京、去過雞鳴寺，卻無法感受這般意境。

當天在暴雨中只能不無遺憾地匆匆按下幾張相片，便進入鳳翔館博物館，館員看到因不喜歡帶傘、而渾身溼透的我，好意地提供了乾毛巾，至少令我不至於太狼狽。但入館之後，便立即沉浸在佛國的氛圍中，尤其是初次面對「雲中菩薩供奉像」，更令我感受到彷彿真正的飛天降臨，有種身心都受到洗滌與祝福的感受，非常震撼。

後來到了秋季，出發前曾見平等院開放特別夜間拜觀，還特地透過在大阪的友人協助訂票、付款。原本從市區搭電車過來的途中頗覺奔波勞頓，但一看到夜間點燈的鳳凰堂、襯映著紅葉與倒影，簡直說不出話，太美了，如夢似幻，美得彷彿登臨極樂淨土。從各種不同角度，不知拍了多少張相片，也多次用在影片中。如果還有機會，仍希望在不同季節再訪。

正如前述，在王朝文化時代，平安京除了集中於左京往東發展，並向外延伸到兩個區域做為皇室與貴族興建別墅並遊賞之用，西邊是嵯峨嵐山，南邊就是宇治，共同特色是有山有河又有橋，景致十分風雅。

因為遠離京城，有部分當時的遺址，反而幸運逃過戰火的摧殘，例如被列為國寶的日本最古老神社「宇治上神社」也位於此。不過，要談到平安時代或藤原氏的代表建築，相信很多人想到的都是，平等院鳳凰堂吧。

《源氏物語》中的光源氏這角色的原型，通說一位是嵯峨天皇的皇子源融，另一位則是藤原北家權力巔峰之藤原道長，而這兩位都和宇治有關。源融在先，當時就已在此擁有別莊；此處後又為朱雀天皇的離宮「宇治院」；而在藤原道長擔任攝政時期又成為他的別莊「宇治殿」，也可見這座建築之歷史意義與珍貴性。

道長的兒子藤原賴通雖然也同樣位極人臣，但有感於末法之世到來，在老爸過世二十多年後，將其別莊改為寺院命名平等院，並以想像中的西方極樂世界、建造阿彌陀堂，於一〇五二年開山，至今已逾九百七十年歷史；並因屋頂上一對銅製鳳凰，又被稱為「鳳凰堂」。不僅是日本佛教思想之瑰寶，更是平安京藤原氏榮華之見證。

鳳凰堂可說是集繪畫、建築、工藝與雕刻等藝術國寶於一堂之作，在「木造天蓋、雲中菩薩供奉像、鳳凰金銅像、梵鐘與壁畫」等稀有國寶級文物與平等院自身的歷史價值條件下，以「古都京都的文化財」的一部分被指定為世界文化遺產，而在現今流通的十日圓硬幣與一萬日圓紙鈔背後，更可見鳳凰堂圖案，代表著此處對日本這個國家的重要文化意涵。

若是搜尋網路資料，多半會說此建築「據信是古代日本人對西方極樂世界的極致具體實現」。然而，道長做為藤原氏一千三百年榮光的象徵與代表人物，會只有「宇治殿」這座別業嗎？

以前我也這麼認為，直到最近去參觀另一座世界知名、被譽為日本庭園美學最高傑作的桂離宮，大為驚豔之餘研究它的早期歷史，才發現天哪，原來這片離平安京稍近、位於桂川西岸的土地，也曾是道長的別業「桂家」之所在，並被寫入《源氏物語》中做為光源氏的「桂殿」。

據說當時道長會帶著親王與家臣先到嵯峨野騎馬遊覽，再乘船沿著大堰川、桂川順流而下，在琴笙伴奏下吟詠著詩歌，並來到桂家賞月，是何等風雅！這，才是平安京時期貴族生活之風貌。關於這座庭院，未來我們還會遇見它，在此暫且別過。

三、白河鳥羽

一〇七六年　法勝寺（復原模型—平安京創生館）

以前透過閱讀，試圖更理解日本文化時，總見到前輩作者說，《源氏物語》等同於《紅樓夢》，而《平家物語》則近似於《三國演義》。終於，我將踏入《平家物語》的時代。

第一次意識到「白川」的存在，是某次陪同旅客在地下鐵東山驛旁宵夜，沿著三条通步行回返威斯汀「都」(Miyako) 飯店，途經窄小的水路。若以一般的觀點，大致可稱做水溝，哪怕僅只是夜間一瞥，都能感受到沿著水路左岸道路之風情，後來我才知道它叫「白川筋」[8]。

白川是鴨川東岸的小支流，後來與琵琶湖疏水相通，在東山這帶形成小小的水系，

上游是北白川，北白川指向東北，中間有段平行的疏水道便是「哲學之道」旁水路，而下游則穿越祇園，造就現今做為舞伎之町代表的「白川巽橋」風景，再注入鴨川。

白川、白河，日語讀音相同，此地名事實上就來自平安時代後期，指的正是鴨川東岸、被稱為「洛外」的這片區域。指稱河流曰川，白河則是地名。可以想見，當時也是一片小河流經的風雅之地。正如前述，藤原家在白河一地此曾建有別業，後捐給皇室，亦曾於南側興建岡崎御所，當我試著釐清這些地名的位置與先後順序時，發現便是現今被稱為「岡崎公園」的區域。

而這一切都從白河帝開始。

二〇一二年的大河劇《平清盛》，從完全不同的角度詮釋了這位在《平家物語》以及大眾印象中，長久以

8 「筋」是關西地方街道之稱呼。

三、白河鳥羽　一〇七六　法勝寺（復原模型—平安京創生館）

下　位於平安京東郊、鴨川之東的白河殿（含六勝寺）區域

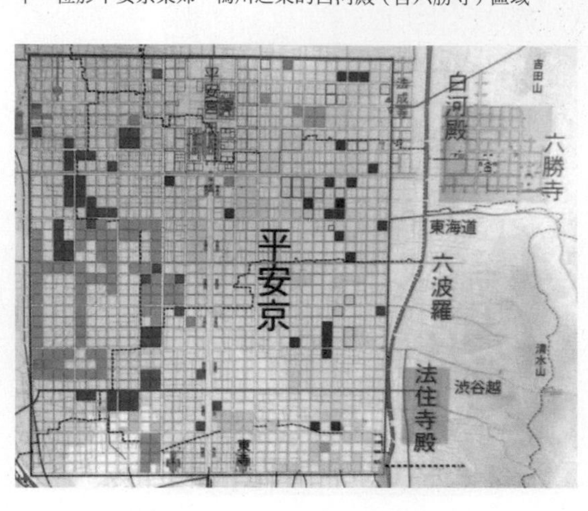

來被視為反派的人物。[9] 做為平安時代後期梟雄、並被認為是「武士之世」真正的開創者，平清盛的身世頗有爭議；名義上他雖是當時平家的棟樑（領袖）平忠盛的長子，然而世間的傳說，普遍認為他是白河帝之私生子。

從我的理解，白河帝便是令平安時代由盛轉衰的關鍵。

白河帝，本名貞仁，出生於一〇五三年。那是藤原道長過世後二十五年，也是平等院開山隔年。藤原賴通感受到的末法之世，或許可以說，正是貞仁長大親政之後的預感。我之所以用「帝」來稱呼，便是因為他後來成了上皇、法皇，並被認為是所謂「院政」[10] 之始，若稱之白河天皇、白河上皇、白河法皇，可能會誤以為是三個人，乾脆以帝稱之。

白河帝在位期間（一〇七三至一〇八七年）雖不算長，但成為上皇和法皇之後依然把持朝政，為實際真正最高權力者，長達五十六年之久。又，白河帝精力旺盛，男女通吃，年屆高齡依然生子，且活到七十七歲。這些都還不打緊，問題是他與孫媳的

三、白河鳥羽　一〇七六　法勝寺（復原模型—平安京創生館）

不倫關係，打亂了繼承之序，也造就日後的亂局。後世的史家常言某某是造就戰國亂世之始，在我看來，幾乎可以上溯至此。

誠實地說，如果單純從「人」的角度來看，白河帝的人生無疑是令人欽羨的。他甚且說過，「賀茂川之水、雙六的賭局、山法師（比叡山僧兵），天下間唯有這三件事不如我意！」且因他退位之後依然把持朝政，權威還在天皇之上，故有「治天之君」這般威武的稱號。

在千本丸太町附近的平安京創生館中，除了平安京整體的微縮模型之外，還有兩組建築，亦是我當時參觀之目的，那就是「法勝寺」以及「鳥羽離宮」的復原模型，因為這是兩座早已在歷史中消失的「幻之建築」。如果你看過《平清盛》大河劇，可能也會對伊東四朗飾演的白河帝、以及三上博史飾演的鳥羽帝，這兩任天皇印象深刻；而他們的稱號，就來自這兩座建築或園林之所在。

法勝寺，是曾經存在於平安京東郊白河的佛教寺院，由白河帝於一〇七六年建造，

9 或許是由於拍攝手法過於寫實現代，與過去平安時代的風雅印象不符，收視率始終低迷；可以想像，如果在華文世界拍了一部《曹操傳》，用正面角度來描寫這位被視為奸佞善於謀略的人物，或也有同樣的違和感吧。然而無論重看多少次《平清盛》，我始終認為是不世出之傑作，也有越來越多朋友共鳴。

10 天皇禪位予子侄，而自稱上皇，在「院」中訓「政」的政治形態。是皇權為了抵抗攝關政治而發展出的政治體制。

是永政時代建造的「六勝寺」之一，是第一座也是最大的寺；當時這片土地位於鴨川東岸，如前所述，原是藤原氏的別業土地，後贈予天皇，而天皇決定在該地區建造寺廟，經過數年建造了許多建築物。

一〇八三年，高約八十公尺的八角九重塔和愛染堂竣工；根據記載，從東邊進出京都的人都可以清楚地看到這座高大的九層寶塔。法勝寺受到歷代天皇的尊崇，甚至被稱為「皇家寺廟」，但約一百年後就因地震而受損，阿彌陀堂倒塌，九層塔受損，三面牆全部損毀，最後毀於十五世紀下半室町時代的應仁之亂戰火中。

附帶一提，當現今的旅客來到京都，從平安神宮以及京瓷美術館、還有動物園以及岡崎公園這個區域，約略就是當時法勝寺與九重塔的位置，足以想像其占地之廣闊。

一〇八六年　鳥羽離宮（復原模型―平安京創生館）

那天早上，我自駕前往城西的桂離宮，因為比預約早了半個多小時抵達，心念一動，那便先去看看鳥羽離宮跡吧。兩處雖然都有離宮之名，但前後相差了至少五百年，且後者早已不存，是故命名為「跡」。

「鳥羽」位於平安京以南約三公里處，鴨川與桂川交會處，也就是地圖上「大Y」的東側。早在平安京建成時，就做為通往大阪的外港，同時也以貴族狩獵嬉戲的風景區而聞名，鳥羽慢慢發展成為一座小城市，建有許多貴族別墅，還建立了市場。

一〇八六年，白河帝讓位，藤原家贈送了位於鳥羽的別莊，並進行大規模的擴建工程，供其居住。到了他的孫子宗仁親政時期，又多次進行增建，退位成為上皇後同樣在此居住，從前述的復原模型來看，就可知當時鳥羽離宮規模之宏大，相當

三、白河鳥羽　一〇八六　鳥羽離宮（復原模型—平安京創生館）

令人神往。由於這兩任帝王皆「以院干政」，政治中心從內裏落到了鳥羽，包括林屋先生在內的許多歷史學者，都認為這無疑是一次在京都盆地內「遷都」的象徵。

宗仁因長期居住在此，後世便稱為鳥羽院或鳥羽天皇，照例以帝稱之。以下這段，各位可能要專心閱讀，我試著用最簡單的方式，說完這段亂倫史……

白河帝有一名養女藤原璋子，後來他將璋子許配給孫子鳥羽帝，但據傳兩人維持著非正常之男女關係；鳥羽帝長大得知後，對祖父由感恩轉為怨恨，卻又無從反抗。璋子生下的子女，包括後代的崇德帝、後白河帝，兩人實為兄弟關係。

由於崇德帝被認為是亂倫之種，鳥羽帝刻意疏遠之，並在掌握實權後逼迫其讓位給自己偏愛的另一皇子（近衛天皇）。因而崇德帝無法仿傚前人實行「院政」。崇德帝既無法決定其身世，又被名義上的父皇疏遠，進而剝奪皇位與實權，鳥羽帝崩御時甚至不准他探視。種種積怨，終於使崇德帝理智斷線，攏絡源平武士，發動保元之亂（一一五六年），被視為武家抬頭的濫觴。崇德帝戰敗被流放到四國的讚岐，終

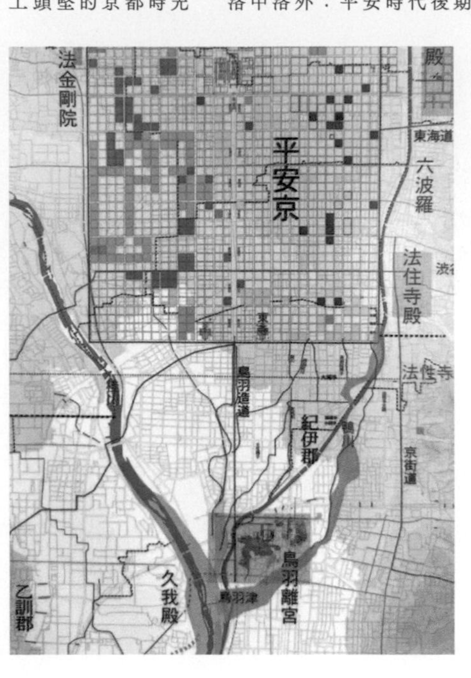

左　位於平安京南方的鳥羽離宮

生未能返回京城，死前他瘋魔發願詛咒皇室，取代了「前輩」崇道天皇（早良親王），成為日本三大怨靈之首，直到近代才建造白峯神宮以祭祀安撫之。11

至於華麗廣闊的鳥羽離宮，後來一度成為後白河帝的居所，但由於平清盛干政，將後白河帝幽禁，鳥羽離宮也逐漸荒廢，最後在南北朝戰亂時代燒失，這都是後話了。

由今日的桂離宮，循著導航前往鳥羽，一大段路是沿著桂川畔的小路，這或許也是自駕才能看見的角度與風景；雖然一般都寫道當年位置是在合流處，但由於位於東岸，嚴格來說離宮用的仍是鴨川之水。我開車在附近繞了一大圈，僅剩被開闢為棒球場與足球場的空曠公園，已無從憑弔；若是時間足夠，還可到

11 如果你讀過蔡亦竹教授的《風雲京都》，便曾提到白峯神宮「號稱全京都最陰的神社」，害我路過時只敢低頭快速拍下幾張相片，連參拜都不敢呢。

144　三、白河鳥羽　一〇八六　鳥羽離宮（復原模型—平安京創生館）

馬路對面的城南宮一遊，但眼見預約時間將至，只好返回，但亦無遺憾。

＊＊＊

這段從白河、鳥羽、崇德、後白河等歷任天皇時期，產生了上皇、法皇等院政，也是讓平安時代由盛轉衰的關鍵時期。

從另一個角度來看，當時在宮城之外建立的這些寺廟和庭園，又讓我們得以見識到原來當時的平安京的樣貌，和現在的京都原來有這麼大的不同！尤其是法勝寺的九重塔如果還存在，相信又是地標般的世界遺產，怎能不令人感到唏噓。

附帶一提，若是你從高台寺旁的寧寧之道漫步向圓山公園，或許曾注意到左側的祇園堂外，立著「祇園女御供養塔」，那便是白河帝的寵妃，傳說中平清盛的生母，或生母之姊。大河劇中，另外塑造了一名舞子，設定為女御的好姊妹。有時不禁失笑，除了我還有誰會注意到這些細節呢。

一一六五年
蓮華王院（三十三間堂）

一一六七年
六波羅蜜寺

原是為了京都國立博物館的展覽而來，下公車時才察覺，對啊，竟然忘了三十三間堂，就在博物館對面。

在遙遠的記憶中，這個名字大抵和金閣寺、清水寺一般，是京都的代名詞。也是在少年時初次跟著家人參加當地的巴士一日遊，就曾去過的經典景點。但，有很長一段期間，只記得它的名字（因為特別），至於在堂內究竟看過什麼，已完全不復記憶。或許可以說，自年少即缺乏慧根吧（苦笑）。

知名的攝影師、藝術家暨作家杉本博司，曾以三十三間堂為主題拍攝一系列巨幅作品，非常令人震撼。那時就體會到，原來即使透過影像，菩薩依然能傳達強烈

的氣場；不，甚至應該說，透過放大呈現，那法力似乎也隨之更強大了。同樣被放大的，還有勸世、提醒，與無比的慈悲。由於那系列作品的影響，幾年前也曾與旅伴來此朝聖，似乎是意欲證明，在作品中感受到的力量是否為真。

我一直到很後來才知道，原名為蓮華王院的三十三間堂，實是平清盛效法其父親建造佛堂（得長壽院）贈與鳥羽帝的作為，建來呈給後白河帝的，並對此感到震驚。震驚的原因是，如此平和肅穆的建築，竟與那段混亂的歷史有關；但從另一角度看，平家兩代也因建此大功，而得以「升殿」，是為武士階級取代攝關家進入政治核心的濫觴，又豈不是平家榮華與富裕的見證？

平家在幾場戰役——諸如保元之亂（一一五六年）、平治之亂（一一六〇年）——中逐漸取得優勢，最終權傾一時。而對手源義朝戰敗身亡後，其三男源賴朝就被流放到關東伊豆國；更年幼的庶子源義經，則被送往鞍馬寺帶髮修行，學習了一身武藝後，輾轉到了東北，獲得奧州藤原氏的庇護。

哥哥賴朝經過二十年的生聚教訓，並且與伊豆豪族北条時政的女兒政子結婚之後，響應以仁王的號召，起兵討伐平氏。長大成人的源義經，加入兄長的行列，在前後長達六年的源平合戰（一一八〇至一一八五年）中，立下赫赫戰功，最終於壇之浦戰役，一舉殲滅平家，成為一代戰神；這場合戰中，平氏用紅旗，源氏用白旗，

更成為日後《NHK紅白歌合戰》的典故。

後來正如許多人熟悉的，由於「九郎判官」義經功高震主，又或許輕忽人情世故，再加上後白河帝從中運作挑撥，令其兄賴朝對他心生忌憚，以一些莫須有的罪名，斷絕了兄弟關係，甚且成為「朝敵」。義經落寞再度流亡奧州，又被藤原泰衡出賣，圍攻致死，成為日本史上極受人同情的悲劇英雄。[12]

＊＊＊

平家極盛時期居住的地區稱為六波羅，此前我幾乎從來未曾至此。直到某日，終於穿越建仁寺往南，先尋得六道珍皇寺，再前往六波羅蜜寺。才知道，原來六波羅的地名，便源自於此寺。寺中除了當初開山的空也上人像，是我見過的雕像中至為珍奇的表現方式；寺中另有一尊貌似出家人的坐像，一般被認為是平清盛，但學界仍有爭議。

關於平清盛，無法在此深入太多；必須說，光是《平家物語》的世界，幾乎可以寫成另一本豐富的旅記與大書。

此段紀行雖以六波羅蜜寺為地標，然我尋訪的重點，其實是寺外的一通石碑，刻著「此附近　平氏六波羅第　六波羅探題府」；換句話說，從平安時代後期，直到其後的鎌倉時代，這一區便是武士制衡並監督皇室的行政中心之所在。而路口另一通「六道之辻」（十字路口）石碑，關於此地的靈異傳奇，可參照很會說故事的「蔡桑」之《風雲京都》，必能有更深刻且毛骨悚然的認識（笑）。

攤開今日地圖，從原本法勝寺所在的岡崎、白河，往南便是祇園女御曾修建的佛堂，再往南便是平家居住的六波羅區域，宅邸連成一片，華麗至極。必須注意的是，這整片建築，都是位於原本的平安京之外，更不用說南方遠處的鳥羽。

然而，見證平家繁華的六波羅宅邸群，卻也隨著平家失勢而遭到破壞，加上饑荒等天災人禍，改變了京城的面貌。歷史學者桃崎有一郎在《京都的誕生：平安時代武士創建的戰亂之都》中即曾提及：今日的旅客熟知的「京都」，便是在這之後的時代誕生，而它，卻已不是當初的平安京……

12　當我寫完前一部《工頭堅的龍馬之旅》後，原是想進行其他歷史人物之史跡旅行，其中一位便是源義經。那將會是一趟由京都起始，北到岩手縣平泉，南至關門海峽的壯闊旅行，我想，或許來日，依然有機會實現的。

一一九二年 法住寺陵

漫長的平安時代，究竟結束於何時？

從籠統的印象中，或許可以找出平家覆滅、源賴朝開始任命各國的守護與地頭（一一八五年）、源義經自刃（一一八九年）等等戲劇性的時間點；但我始終想著一個人，如果這個人還在，就代表著平安時代的餘緒，那就是後白河帝。

後白河帝是文藝放浪青年出身的帝王，晚年還編纂了今樣歌謠的總集《梁塵秘抄》[13]。這位被稱為「日本第一大天狗」的權謀政治家，先後與平家和源氏鬥爭了幾乎一輩子，數起數落、呼風喚雨，晚年他將皇位傳給孫子後鳥羽帝，仍以法皇身分實行院政。

後白河帝實施院政的據點是法住寺殿，原是藤原為光創設，這區也被稱為「南

13　從這個名字挖掘下去，還連結到熊野信仰，以及由音樂家福島弘和譜曲的〈梁塵秘抄─熊野古道的幻想〉，曾多次在台灣演奏過……不行，必須打住，否則沒完沒了。

後白河院
御聖蹟
身代不動尊 法住
法住寺

白河」，就在平清盛為他興建的蓮華王院（三十三間堂）東側，與養源院並列。寺本身在木曾義仲犯上的法住寺合戰（一一八三年）中燒毀，後緩慢重建。儘管其人生最後十年在何處度過尚需考證，據記載後白河帝在六条殿崩御，時為一一九二年。同年，後鳥羽帝任命源賴朝為征夷大將軍，可視為鎌倉時代之正式開端。

不知道有多少旅客在參觀完三十三間堂之後，還會踱步往前。回想起來，當時應只是為了拍攝留有平安時代風格的圍牆與正門，一路深入，便再度意外地邂逅了「後白河天皇　法住寺陵」。如今它屬宮內廳管理，一般不開放，只能致敬後，將手伸入鐵柵欄拍攝。

我沿著紅牆走來，卻意外地終結了平安時代。

這位親身參與並見證了平安後期諸多動亂的帝王，低調地葬在此地，與千尊觀音像遙遙相對。自桓武帝奠都，歷三百九十八年，平安時代結束於此，也該繼續往前走了。

一二〇一年→一四九〇年
武士之世
——從鎌倉到室町——

楔子

當平安時代結束、鎌倉幕府建立起始，鬥爭的重心似乎就移到關東，這應是自從平安奠都以來，這座都城、乃至整個近畿地方，首次從日本歷史舞台的中心「旁落」（當然，既然說是首次，就表示將來還會有許多次）。或許正因如此，鎌倉時代在京都留下的足跡並不多，有些歷史旅行指南甚至直接跳過，甚至連林屋先生都寫道，「京都從體質上就排斥鎌倉幕府吧」。

即使如此，他還是舉出高雄山神護寺與高山寺，做為這時期的代表。由於這兩座寺院位於西北側的山區，相對偏遠；若要在市區中尋找代表性的建築，六角堂與建仁寺這兩個名字便浮現出來。

平安時代和鎌倉時代，分別在京都留下的印記，最明顯的區分，反倒不是「皇室貴族的宅邸」到「武士的城寨」這般的既定印象，而是以禪宗寺院為代表。八幡和郎在《日本古都圖解事典》書中曾寫道，中世時期的綜合大學是禪宗的「五山」：

「禪學之所以在日本普及，主要原因是最符合武士生存方式的哲學。不尋求救贖，『克己』的思想符合武士賭上性命戰鬥的生存方式。」或許正能做為此時期之印證。

一、鎌倉遙望

二〇一年 頂法寺（六角堂）

最近一次去京都出差，原先預定的開花週期，抵達前就從新聞報導與網上動態看到，城裡四處擠爆遊人，怎奈諸多景點不僅花況不佳，甚至還下起雨來；直到返國之日的上午，陽光燦爛露臉，即時畫面傳來，宣告櫻花「見頃」正式降臨。我把握最後兩三小時，掌握情報、精準打擊，立刻動身前往。

其中之一，便是被公認「宣告京都春天開始」之六角堂御幸櫻。當我從熟悉的星巴克烏丸六角店進入，見到大片落地窗景被滿開的花海點綴，忍不住讚嘆，這真是市中心，最值得珍惜的花景第一排咖啡館座位啊！

六角堂之所以聞名，一方面由於供奉的是台灣人很熟悉的觀音菩薩，此處正好

也是「洛陽三十三所觀音靈場」[1]的起點「第一番札所」；另外，或因它位於鬧區「烏丸御池」地鐵站旁，交通便利，在附近逛街很容易走進來；也可能，因為它是出現在柯南電影《迷宮的十字路》的場景之一……[2]

六角堂是通稱，正式名稱為紫雲山頂法寺。它究竟應該放在哪個時代來看，我也曾有過困惑。畢竟，它做為京都諸多「太子傳說」的景點之一，據傳最早可以上溯到西元五八七年，聖德太子入山背國、尋找興建四天王寺所需之木材，而將淡路的千手觀音帶到這裡；在他於此處沐浴之水池旁，則建立起「池坊」，成為歷代住持之居所，為後代「池坊」華（花）道起源。

若不將前述的太子傳說納入信史，頂法寺的考古遺構只能證實到十世紀後半，相關文字記載到十一世紀才出現，華道的源流實際上亦要到十五世紀才有正式紀錄；然而就在平安與鎌倉時代交接之際，來到此地的一個人，對於後世或許有更大的影響。

他就是被尊為「見真大師」，卻自號「愚禿」的親鸞聖人。

我初次來到六角堂時，是從三条東洞院通過來，等於是從側門進入，見到造型童趣的十六羅漢石像，覺得在繁華的京都市區中心，有如此一個空間，雖稱不上特

別沉靜，然的確令人安心。也注意到敬拜對象除了聖德太子，還有見真大師，由於對日本佛教之認識依然相對粗淺，一時誤以為是唐代東渡的鑑真和尚，一查資料才恍然大悟，原來是鼎鼎有名的「淨土真宗」祖師！

西元一二〇一年，親鸞離開比叡山，他繞道至頂法寺禮拜聖德太子，在此閉關百日，並於寤寐之間與太子所化身的救世觀音相見云云，此即「六角夢告」。正由於這段經歷，他後來創設的淨土真宗（一向宗）是在明治維新之前，日本唯一許可僧人可以結婚與肉

1 平安時代末期，由於戰亂緣故，使得原本遍及近畿地方與歧阜縣的「西國三十三所」觀音巡禮路線難以實行，因而後白河帝挑選制定了在京都盆地範圍內的「洛陽三十三所觀音靈場」做為取代。

2 有段時期舉辦京都旅遊相關講座，總有聽眾提到那首「在柯南電影中的京都街道歌」。一查才知道，是以京都條坊街道名稱編成的兒歌，並有東西與南北兩個版本。電影中出現的是東西版的《丸竹夷》，又稱為手鞠（手球）歌，開頭唱道：「丸竹夷二押御池，姉三六角蛸錦……」才明白：原來常在京都街頭聽到的廣播音樂，便是這首歌！

食的佛教教派，與日後的本願寺、一向一揆[3]等戰國歷史有極深的淵源。

當我明白這點時瞬間又感受到一股歷史的重量，這也是在京都旅行時常常會有的感覺。

親鸞來此的前年（一一九九年），鎌倉幕府初代將軍源賴朝急逝，由二代將軍源賴家接任、展開短暫的統治；至於隔年（一二〇二年），曾二度前往宋國求法返來的高僧榮西，將在賴家的援助之下設立建仁寺，「京都五山」以及禪宗之世即將開始；在我看來，亦是從平安跨入鎌倉時代的真正象徵。

頂法寺六角堂，也將在未來的亂世中，歷經平安時代宮廷建築多被焚毀、導致整個城市中軸線東移的過程，成為名符其實「京都的中心」。

在參拜與記錄歷史典故之後，我也和旅客一般來到旁邊的 WEST 18 ，搭上電梯從高層俯瞰六角堂全景，然後下到星巴克休息並整理思緒。當年朝廷決定遷都，原因之一，便是因奈良時代的平城京中佛教勢力過於龐大，甚至發生僧人道鏡覬覦皇位之危機，因而平安時代，除了東寺、西寺，嚴禁在京城中設立寺院。

以我粗淺的理解，佛教在當時，是做為一種來自先進國度的知識體系，以學問與教養著稱，宗教意義相對淡薄；日本許多教派的僧人，並無太多清修的戒律，原因或也在此，他們的角色類似學者。但經過數百年的本土化，以及亂世降臨的前兆，

佛教也由宮廷或貴族的信仰，慢慢「下凡」普及到民間。

被稱為「鎌倉新佛教」的時期，也將透過京都的許多寺院，體現至今。

我自己雖談不上有特定信仰，然而在帶團至世界各地的職涯中，置身於不同宗教的聖殿中，真切感受過各種信仰之力量；也時常告訴團員，應以文化與知識的角度來看，而非不同宗教之分別。或許，「包容」與「理解」，才是我從這些旅行中學到的，最珍貴的領悟。

3 日本佛教用語，「一揆」意為團結一致、共同禦侮，指一向宗門徒所形成的團體組織，以強大向心力、捨命殺敵的聖戰模式著稱。

一二〇二年 建仁寺

人總是有段懵懂的時期。

好比說，以往到了花見小路，總在靠近四条的路口不遠，隨著一大群觀光客，搶拍著偶爾路過的藝妓身影，以為「啊，這就是祇園」。後來隨著這類「旅客迷惑」[4]行為之失控，似乎有段時期出動警員維持秩序，乃至舞子或藝者都盡量少走那段了。

若非透過網路旅遊平台，預定了花見小路通南側的京料理杢兵衛（Mokubee），或許仍缺乏動機走到這麼深處，也不會踏進建仁寺來。

從某個角度來看，創建於一二〇二年的建仁寺，絕對算得上鎌倉時代初期之代表；榮西禪師既獲得尼將軍北条政子的青睞，又得到幕府二代將軍源賴家的支持，從博多、鎌倉來到都城開山。[5]有些資料說，建仁寺是日本最初的禪寺，其實榮西更早在博多（福岡）便創建的聖福寺才是；但無論如何，做為「京都最初之禪寺」，應名符其實。

親身踏查，才知建仁寺正好位於北側江戶時代之花街、與南側平安時代六波羅

的中間，不僅是界限（地域）之延續，更是歷史時空的連結。

如同許多寺院，建仁寺在其後的應仁之亂中曾燒失，又因安國寺惠瓊[6]的努力而復興。至於知名的風神雷神及雙龍圖等，其實都是後世之創作；但在如此鄰近祇園紅塵喧囂之處，竟有充滿禪意的潮音庭，令人一瞬間心境平復。

在此小坐，思緒繼續回到歷史的軸線：一二二一年，由於鎌倉幕府第三代將軍源實朝突然被暗殺、後繼人選未定，已成為上皇的後鳥羽帝，以討伐執權北条義時為名，意圖將權力奪回朝廷，卻功敗垂成，按

4 「迷惑」為日文漢字，意指令人困擾，即造成他人困擾的旅客地雷行為。

5 為何鎌倉幕府會有這般操作，有一說是為了抑制比叡山延曆寺的勢力，並提拔禪宗的地位，因而建仁寺乃天台、眞言、禪三宗併置，成為台、密、禪三宗兼學的道場。

6 這位在後世的關原之戰中擔任西軍策士，因而與石田三成、小西行長同在鴨川的六条河原被梟首，寺中仍留有其首塚，上次匆匆造訪竟也錯過，甚為遺憾。

當時年號，被稱為「承久之亂」。

根據鎌倉幕府的史書《吾妻鏡》記載，幕府召集的各路大軍，以壓倒的優勢進軍京都，將上皇流放到出雲以北的隱岐島；並隨即在原本平家的勢力據點成立「六波羅探題」，以監視皇室與公家。

相較於崇德帝當年被流放到四國的讚岐，離京畿還不算太遠；但日本海側的隱岐島可謂天涯海角，也是從平安時代初期以來，不少獲罪的公家貴族流放之地。後鳥羽帝在隱岐度過了十八年，從此再也未曾回到京都；這位擁有「日本第一大天狗」血脈、多才多藝的後白河帝之孫，做出了他試圖鞏固皇權的最後努力，也付出了代價。

在承久之亂的幕府方參戰名單中，我注意到一個武將的名字，足利義氏。足利這個姓氏，在未來的京都史中，將有著重要的地位。

一二九一年 南禪寺

南禪寺，堪稱是在現今的喧囂市區近鄰，藏得最深的一座寺院。

說它「深」，是由於其地理位置完全倚靠在東山腳下，且正好是個小小的山坳，並以巨大的「三門」，與塵世之間建立起一道無形的隔絕。它是我在早期便曾探訪的禪寺，且是初次見識到紅葉時期的京都之場域。

那也是在一次旅途中之無心。因連續探訪幕末史跡數日，感到需要有個喘息的間隔，當下詢問民宿老闆娘，何處可見較早的楓情，在推薦下來到此處。當日雖然天雨，遊人仍不減興致；對於初次有機會拍攝「紅葉與寺院」經典畫面的我們，也不放過任何的角落。是一段潮溼而沁涼的記憶。

南禪寺的前身，是龜山帝營造之離宮，因位於更早建立的禪林寺（永觀堂）南側，故稱為禪林寺殿（一二六四年）。一二八七年，龜山帝又將離宮的上御所改名為「南禪院」；他出家後成為法皇，於一二九一年請臨濟宗無關普門禪師開山，正式創寺；

而後持續在此基礎上發展起來。[7]

如果探頭稍微關照京都以外的世間，就在龜山帝營造離宮、創設寺院的期間，鎌倉幕府，不，應該說整個日本，面臨了亡國等級的大危機。在蒙古帝國鐵騎席捲歐亞大陸、即將滅亡南宋之際，曾發動兩次渡海攻擊的戰役，日本史稱「元寇」或蒙古襲來（一二七四、一二八一年）。[8]

由於戰場不在京都，無意放進主要敘事；只需知道，儘管日本因強運加持而避開更大戰禍，然而元軍撤去後，幕府無心或無力封賞，導致追隨幕府的各地武家「御家人」不滿，埋下了日後動亂之種子……

後鳥羽帝被流放後過了近百年，出現另一位反抗鎌倉幕府的天皇，他就是在一三一八年即位的「帥宮」親王，後世謚號為後醍醐天皇。

後醍醐帝即位十多年後，認為時機已成熟，便號召武家對抗由北条執權、把持的鎌倉幕府[9]，初次兵敗後仍被流放到隱岐島。或許是鎌倉幕府氣數已盡，

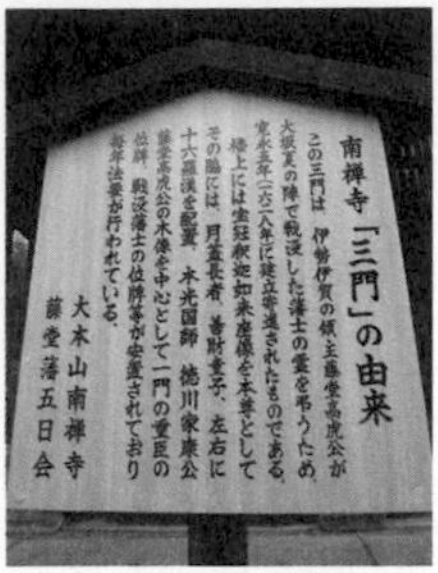

許多御家人轉而支持倒幕之勢力，天皇在隱岐不到兩年就被救出；更由於幕府方大將的足利高氏（後改名尊氏）臨陣倒戈，另一名御家人新田義貞趁機在關東舉兵，終在東勝寺合戰中，鎌倉幕府與北条氏滅亡，時為一三三三年。

在鎌倉幕府滅亡後，相對於鎌倉的「五山」[10]，後醍醐天皇推行建武新政，另定京都的「五山」[11]；南禪寺在新政時期原為五山之一，到了室町時代則被足利義滿列為「別格」，位在「京都五山」（天龍寺、相國寺、建仁寺、東福寺、萬壽寺）及「鎌倉五山」之上，是日本禪宗最高寺廟。

有很長一段時期，我對這些寺院或佛教的宗派也是只聞其名、不解其意，想是仍缺乏了一點慧根或機緣。然而，卻因出自歷史興趣之動機，踏查並造訪了許多神社與寺院後，逐漸生出一些智慧來。

7 最初寺名為「龍安山禪林禪寺」，日後才更名為南禪寺。

8 當時幕府主事者是年輕的八代執權北条時宗，他動員了舉國「御家人」的兵力，在北九州迎擊元軍；元軍行駛的是內河或近海航運的平底船，原不利跨海作戰，前後兩次又都遭遇颱風而傷亡慘重，日方因而稱之為「神風」。

9 鎌倉時代雖維持近一百五十年，但真正屬源賴朝血脈的將軍卻僅三代。其後將軍大位歷經兩位藤原家的貴族，接續便由京都迎來親王，擔任所謂的「宮將軍」；實則長期由北条氏擔任執權。

10 鎌倉的建長寺、圓覺寺、壽福寺、淨智寺，京都的建仁寺。

11 依序為：南禪寺、建長寺、圓覺寺、東福寺、建仁寺。

這麼說，多少有些「共勉」的寓意，如果讀著這段文字的你，過去乃至當下，尚未能理解來京都參訪這些宗教場域的意義或樂趣，或許如我一般，走著走著，便就越來越就清澈了。

南禪寺三門外附設有一所會館，提供食宿服務，必須從官網直接預約；隔鄰還有一家從江戶時代至今的知名湯豆腐料理「南禪寺 順正」，不少旅行團會安排在此用餐，自己也曾帶團至此。有團員會問，什麼是湯豆腐？我總半開玩笑回答，就是湯跟豆腐！事實也是如此；若能用「禪」的心情去體會，或許不致因過於期待而失望？

二、七朝帝師

一三三七（年）

京都御所

那是同一個追櫻的上午。從隨時更新日本的天氣網站上，看到當天滿開的，包括京都御苑的出水枝垂櫻，便在重遊天龍寺之後，搭上公車往這裡來。

御苑很大，若怕虛耗時間，就必須掌握精確的位置；透過手機地圖，很快確認最靠近「間之町口」的站牌是烏丸丸太町，由這裡走到櫻花所在最快。這令我時常讚嘆，如今是有史以來最適合旅行的時代，且查詢任何主題幾乎皆是隨手可得，人們卻未必願意親近知識，往往仍堅持自己成見……

心中的多感，往往在見到美景瞬間，便煙消雲散。天光甚好，遊客圍繞在圍籬旁取景，出水枝垂櫻彷彿張開雙臂，迎接眾人，頓時明白它為何知名並受到歡迎。

二、七朝帝師　一三三七　京都御所

取景完畢，回想自己初次踏入御苑，是二〇〇五年帶團來探訪平安文化，不僅來到御苑，還入內參觀了京都御所。[12]顧名思義，「御苑」和「御所」就是過去天皇居所[13]，御苑目前已做為公園向一般民眾開放，還被稱為「京都的中央公園」；然而公園中的御所，和東京的皇居一樣，依然由宮內廳掌管。

一切還是必須從後醍醐帝說起。這位極有企圖心的帝王，一心想恢復王權，儘管在武將的響應下，消滅了鎌倉幕府，並推行新政，然而當時的武將早非平安時代被稱為「皇家鷹犬」的武士，而是擁有領地的各方之霸。若是皇家不能給予更大利益，反意欲收回權力，那武士們當然不服。

響應倒幕的頭號功臣足利尊氏，便在此背景下開始與後醍醐帝對立。如果要用最簡明的說法，就是其結果造成了日本史上獨一無二的「南北朝時期」。後醍醐帝攜帶三神器逃往吉野另立朝廷，而尊氏擁立光嚴天皇即位，是為北朝。

12 往昔要進入御所參觀，需事先申請；但二〇一六年後，日本政府實施旅遊振興措施，御所不用提前申請就可直接進去參觀，而且早上十點和下午兩點還有兩場華語導覽，雖然還是要按照規定的路線走，無論如何，是比以前方便多了。但通常週一、週二會安排官方活動，有意參訪前，最好還是到官網確認。

13 過去一度誤以為，從前天皇一直居住在此；當然後來累積了更多知識，就知並非如此，而是如同前述：原本平安京的皇宮或內裏，早在一次又一次的奪權之亂或落雷天災中，遭受極大破壞，故不得不遷到此處。

紫宸殿

由於原本的平安宮已在衝突中化為灰燼，北朝第二代的光明天皇，於建武四年（一三三七）住進了原本的貴族宅邸「土御門東洞院殿」，此處實際成了北朝的內裏。直到後世的明治天皇東巡江戶為止，五百多年期間，始終為朝廷與皇室居所。這，就是今天所稱的京都御所。

至此，經過歷代於鴨川東岸的拓展，天皇居所也移到原本平安京的東北角，整個京城的軸線，終於完成往東橫移的變化，儘管並非出於主觀的動機；同時，御所也可視為南北朝時期，在京都市內留下的時代印記。

雖然不是原本的地方，但既然做為皇宮，該有的形制還是要遵循，所以前面提到的紫宸殿、清涼殿、御學問所、小御所、御三間，以及庭園中的「右近之橘」、「左近之櫻」，都可以看得到；還有御池庭、御內庭等等，也都規畫得極其雅致。每年十月二十二日，還有京都三大祭之一的「時代祭」，遊行的行列便是由平安神宮，走到京都御所的建禮門。

至於做為南朝都城的吉野，我也曾特地搭乘近鐵的「蔚藍交響曲」觀光列車前往，尋訪南朝皇居之所在，以及相關史跡吉水神社、金剛峯寺。由於吉野目前屬於奈良縣，為了把本書主題維持在「京都」，只得忍痛割捨，留待將來還有機會，以影片或文字敘述。

一三三九年 西芳寺

我坐在一家名為「竹屋咖啡」（BAMBOO COFFEE）的小店，啜飲著黑咖啡，回想方才見到的一切，是不是一場夢。

小咖啡店位於苔寺、鈴蟲寺公車站的對面，庭園中有塊木牌，寫著「輝夜姬竹御殿」，後來我查到，它又被譯為竹取宮殿，曾是一位竹工匠花費二十七年，用各種不同竹子搭建而成，入口處還有座門樓，雖然這樣的形容有點俗套，但的確彷彿是宮崎駿動畫中會出現的場景。曾經荒廢，直到現任屋主，咖啡師谷口明接手，經營得有聲有色。

旅行就是這樣，偶遇而不經意步入的店家，竟常是渾然不識之網路名店；當然也有長年嚮往而終於實現的造訪，這種刻意與偶然的交會，正是構成旅行迷人且樂此不疲的元素。每次造訪的天氣與心境，以及遇見的人皆不同，一期一會，絕無重複。

有時候覺得，來來去去、好勇鬥狠的武人，以及深居宮廷、更迭頻繁的天子，其在歷史舞台時間之短暫、替換之迅速，常令人無所適從。這種時候，反而是某些原本似乎並非演義小說所鍾愛的角色，卻因其淡泊與自在，成了歷史背後的穩定力量。

就在政治中心從鎌倉過渡到室町，其中還夾雜南北朝分立的這段紛亂時代，有一個人，隱身在世局之下，默默地規畫營造著一個又一個庭園。以前我並不認識他，但當我知道他的名號後，就難以忘懷。

他，就是夢窗疏石。[14]

夢窗是生活在那個時代的禪僧，據傳是平安時代宇多天皇的九世孫，具有皇家血統；曾在建仁寺修行，獲得後醍醐帝之賞識與崇敬，尊為國師；此後又受到足利尊氏的高度禮遇，在當時，可說是不分公家武家、無論政治立場，共同尊崇的一位高僧。生平直到入滅後，共七次獲賜國師號，因而被稱為「七朝帝師」[15]。

夢窗國師，做為後世讚頌的「世界史上最高的作庭家」之一，生平前期曾在東國鎌倉、甲斐一帶巡行，曾創建武田氏的菩提寺惠林寺；又應後醍醐帝的召喚，上洛擔任南禪寺住持（一三二五年）。

14 「疏」字在日文漢字中寫成「疎」，經查是通用的異體字，無需糾結。

15 生前賜號夢窗、正覺、心宗，入滅後賜普濟、玄猷、佛統、大圓等國師號；雖名「七朝」，但生前實際只經歷三朝。

二、七朝帝師　一三三九　西芳寺

原本西芳寺所在場域，亦是「太子傳說」之一，據說曾是聖德太子的別莊；一三三九年，六十四歲的夢窗國師，應鄰近的松尾大社宮司之請，來到此地重整寺院與庭園。原寺名「西方」，夢窗採用傳宗達摩祖師「祖師西來，五葉聯芳」典故，更名為「西芳寺」。

在某次前往京都前，我終於記得先上網預約了西芳寺的寫經與參觀行程。[16] 西芳寺，又稱為苔寺，以絕美且充滿生命力、長滿青苔的庭園而知名。如今已成為世界文化遺產的西芳寺，庭園中據說有一百二十種以上的青苔，彷如柔軟的地毯滿覆在地面、走道旁、水池邊；我來到時正逢深秋，飄落的紅葉鋪在豔綠的青苔上，美得令人無言以對。

在關西空港負責接待外賓的朋友曾好奇，為何許

16 官網上寫明，分為「日日參拜」與「折折參拜」兩種，後者是會員限定的坐禪或講經等活動，前者則是每個人都可預約，但每天梯次不多，人數亦有限制，加上全世界旅客都想來，名額仍屬珍貴。

多歐美旅客，特別是美國人，來到京都，都指名要參訪此地。我笑笑，很簡單，因為已故的蘋果電腦創辦人史蒂夫・賈伯斯（Steve Jobs），正是苔寺最忠誠的粉絲與傳道者。

眾所周知，賈伯斯從年輕時便醉心於「禪」，同時也熱愛日本，特別是京都；根據曾經四次服務他的當地包車司機大島浩透露，賈伯斯最愛的寺院，便是苔寺。甚至還衍生都市傳說，他正是在此悟出 iPhone 的奧義。如此傳奇的場域，怎能不吸引世人爭相前來朝聖？

從剛抵達時，一道彷如儀式般的抄經程序，便可理解賈伯斯為何深愛此地；或許可以說，這是兩位崇尚極簡的生活藝術家，跨越了五、六個世紀的心靈對話。

賈伯斯過世前一年，拖著虛弱的身體，再度來到這座心愛的城市。他問大島，京都的 Apple Store 在哪。大島說，沒有。賈伯斯生氣了，怎麼可以沒有呢？後來，京都終於在二〇一八年有了 Apple Store，就在四条高倉，大丸旁邊。此時賈伯斯已過世多年，他終究未能親眼見到。這是創業的巨人，與城市的故事。

連賈伯斯都曾留下遺憾，我們又怎能不珍惜還能行動的每一刻，去尋找自己心靈自在的居所呢？

一三四三年 等持院

一三四三年 天龍寺

從夢境回到現世，我繼續走上探尋京都歷史軸線的旅程。

之前講到，《源氏物語》和《平家物語》分別是王朝貴族文學與軍記物語的代表作，日本歷史上另一部軍記物語《太平記》，描寫的正是以後醍醐帝與足利尊氏為主角的南北朝時代之戰亂；嚴格來說期間並不算長，卻足足寫了四十卷，被視為日本歷史文學最長的作品，也可見人物關係之錯綜複雜。

且由於它被拍成大河劇，已是多年前的事，當時飾演足利尊氏的真田廣之，如今已成為國際巨星；但對於習慣從大河劇的演繹中，去梳理歷史細節的我等「歷史宅」，感到有些遙遠而陌生。

建立室町幕府、足利將軍家的尊氏，本身就是個複雜且矛盾的存在。他以鎌倉幕府之御家人與主將轉而倒幕，又與後醍醐帝反目而擁立北朝，日後在家族紛爭中卻又投奔南朝；有論者說，正是由於他樹立的「榜樣」，奠下了後世武將下剋上、見風轉舵，隨時可投奔不同勢力的濫觴……

無論如何，在長期走讀歷史的過程中，我早已學會不輕易論斷每個人物的功過，往往是看你站在什麼立場與角度。人事如是，世事如是。而我單純享受著，為了弄清楚某個歷史細節、或感受事發當時環境之目的，踏上一段又一段旅程，那發現的樂趣。

＊＊＊

足利家的菩提寺[17]是等持院。一三四一年，也就是尊氏就任征夷大將軍的第四年，南朝的後醍醐帝壯志未酬、飲恨而亡，大抵內外平定；於是先在京中建立等持寺，兩年後（一三四三年）又請夢窗疏石國師開山，約莫就是今日等持院的位置；位於市區西北側，正好在南北兩條公車路線之間，都有些距離。

開車自駕，跟隨著導航行駛至此，發現等持院總門位在一個微妙的小路口，頗

17 日本的一種寺廟種類，為各家族祭祀祖先墳墓牌位，迴向、供養已故親族之寺。

有社區氛圍，且路上學生很多，才意識到它幾乎是被立命館大學的幾個校區包圍，位居其中。幸運地在門口找到一個車位停下，進入總門的參道，兩旁甚至已蓋滿了民家。

再經過一片小型的墓地，以及日本映畫之父牧野省三的銅像，才真正抵達入口，門牌上寫著「名勝庭園 史跡木像」，清楚點出此地可看之特色。院內的方丈南庭之枯山水整理得幾乎一葉不染，極為精緻，但與附近幾個世界遺產級的庭園相較，氣勢略弱幾分，但由於遊客相對稀少，卻是可以久坐之處。

令我感到驚訝的，是比起後世江戶幕府德川家的各個菩提寺，等持院顯得占地既小，又十分低調。在方丈北側的芙蓉池與心字池中間，有一座寶筐印塔，原來竟是開創幕府的初代將軍足利尊氏之墓所。

當然，我來此主要目的，是靈光殿中的「足利氏代代將軍木像安置」。從初代的足利尊氏，到末代（第

十五代）的足利義昭，缺了其中兩代，共十三座木像，再加上「東照大權現」德川家康，左右各七座。等持院並非熱門景點，在我前面原有一對中年夫婦，但當我踏入靈光殿時已是孤身一人，頓時感到此地充滿著強大的磁場，從四面的木像而來，彷彿爭相對我說話。

那感受和踏入三十三間堂時，撲面而來強大但令人平和的觀音靈力有所不同；但我畢竟只是個駑鈍凡人，難以分辨是好或壞，只知當下的心情近似「原來這就是將軍家的力量啊」，亦不敢久留，匆匆在心中默念：各位將軍，我只是來做歷史考察，並預定撰寫相關文字，請保佑我順利完成，當即退出。後來整理相片，在靈光殿外拍攝時出現微妙光暈，或許，單純只是，鏡頭的反射吧。

雖是後話，由於足利家前幾代曾與南朝皇室對抗，在近五百年後的德川幕府末期，「尊王攘夷」風起雲湧時，曾有志士闖入等持院，砍下木像的頭，放到鴨川河原示眾，用以警告幕府。當年初次從呂理州先生編寫的《明治維新：日本邁向現代化的歷程》[18]書中讀到這段發生在一八六三年的「足利三代木像梟首事件」，印象非常深刻，也可說是驅使我來此的動機之一。如今，木像頭部當然早已復原，究竟是接回去、或是新作，就不得而知了。

18　本書是我的幕末啟蒙，新版為《兩小時讀懂明治維新》。

＊＊＊

等持院屬於臨濟宗天龍寺派，而天龍寺，無疑是更為世人所熟知的一座寺院，同樣由夢窗國師開山，位列京都五山第一位。

它就位於自嵯峨野竹林往嵐山渡月橋的路上，幾乎許多遊客都會經過或進入參觀。我也曾來過兩三次，當時只知與眾人一般，參觀方丈、雲龍圖，以及庭園中的曹源池；由於同樣出自國師手筆，雖不如西芳寺般體現日本文化幽微與陰翳之特色，然而巧妙將周遭的山景「借」入庭園中，展現的是與環境融合的大器。

然而，天龍寺真正的看點，還在於「後醍醐天皇聖廟多寶殿」。

以往懵懵懂懂，不知天龍寺原是足利尊氏為了祭

祀在南朝吉野崩御的後醍醐帝，而請來雙方都非常信任尊崇的國師，在原本「龜山殿」的基礎上所創建；境內仍有後醍醐以及創設南禪寺的龜山父子兩任帝王的陵墓。而這，都是以往我三次來此，渾然未覺的史跡。

這位躊躇滿志的帝王，在位二十一年期間，先是號召武士倒幕，後又與足利勢力周旋，甚至任性地帶著三神器出奔吉野，為了恢復皇室權威而頑強地戰鬥到最後，歷代天皇中實屬少見。即使是曾為臣下、後為宿敵的足利尊氏，都不得不以尊崇之心，建寺祭祀之。知道這些歷史典故之後，覺得比起單純談寺內的雲龍圖與曹源池，又更有血有肉得多，不知你是否也如此認為？

多年後，在明媚的春天，再度來到天龍寺；這次，除了庭園與櫻花之外，我還特別記得拍下了多寶殿。

三、室町光影

一三八一 花之御所

一三八二年 相國寺

以前讀日本歷史或旅遊指南，往往會見到類似這般簡略的解釋：「室町時代，是日本史中世時代的一個劃分，名稱源自於幕府設在京都的室町。」既然有很明確的地點，甚且成為某段歷史時期的正式名稱，然而，室町究竟在哪裡呢？（如果取個河原町時代，或許知道的人會多一些吧。）

懷抱著這樣的疑問，我搭地鐵來到「今出川」。

烏丸今出川路口，位於京都御所西北角，目前幾乎全是同志社大學的「領地」，路上和餐廳有許多學生，校園氣息濃厚；而在校園後方，與烏丸通平行另有一條室町通。原來，室町時代的名稱，正是由於將軍御所在此而得名。

根據記載，足利將軍家到了三代足利義滿，已站穩政權基礎，且雄才大略、大舉展開建設，因而選在御所西側建造宅邸，於一三八一年完成，又因庭中遍植花卉而被稱為「花之御所」。

初聞此名，只覺為何武將陽剛的將軍家政權所在，卻取了如此陰柔的名稱？但仔細想想，或許這般風雅，正可證明當時足利家的政權之穩固與自信，並即將開啟百花齊放的建設期。花之御所的樣貌，如今只能在室町時代創作的《洛中洛外圖》中見到，因它僅維持不到百年，便在後來的應仁之亂末期中燒失，這似乎也是木造建築的宿命。

我循著地圖上的標記，在同志社大學的今出川校區探頭探腦，來回走動，還怕被同學誤會為無聊中年男子，仍尋不著，倒是創建於明治時期的同志社之英式紅磚建築頗為悅目；大學校區的北側角落，有室町殿石敷遺構，延伸到南側的庭園景石，幾乎縱貫兩個街區，可見當時之規模。

而那通刻著「花之御所」[19]的石碑，原來是藏身在街角的大聖寺庭園樹下。

這也算是多年走讀尋訪的經驗：有些說明牌或史跡，未必在路旁顯眼處，而是在圍牆內，有時甚至不對外開放或過了時間，只能望門興嘆，或努力將手機伸進鐵欄拍照；回想起來不免失笑，笑自己之癡也。原來大聖寺當時便是宅邸內的寺院，幾乎是原址留存至今。路口另有「足利將軍室町第址」石碑，便不特意尋訪。

＊＊＊

室町時代中後期戰亂迭起，許多史跡毀於戰火，若單為尋訪這通石碑而來，未免寂寥；其實，花之御所應該要和鄰近的相國寺並觀。從地圖上看，相國寺敷地極大，須多預留時間，而初次來尋訪花之御所時又逢雨天，便未入內。等到二度來訪，秋高氣爽，感覺才對。

繞過歐風洋溢的同志社大學校園，由巷道進入寺地，瞬間空曠寧靜下來。當時雖是紅葉見頃，但相國寺並非名所，幾乎未見遊客；但風景總在偶遇處，仍有一株不識品種的大樹，綻放著飽和度一致之紅葉，意外獲得一景。

19　石碑上刻的漢字是「花乃御所」，「乃」在此處接在名詞後，大意同「之」。

義滿在花之御所落成隔年開始創建相國寺[20]，整整花了十年才完成，成為臨濟宗相國寺派的大本山，並名列京都五山第二位。根據記載，相國寺落成後數年，另建七重大塔，全高三百六十尺（約一〇九公尺），堪稱史上最高的日本樣式佛塔，這項紀錄直到大正時代才被超越。但這座塔命運多舛，建成後四年便因落雷而燒毀，其後雖然陸續在北山山莊、也就是現在金閣寺境內，以及相國寺原址重建兩座大塔，但都仍毀於落雷，不知當時他們是否得罪了北野的菅公？這固然是玩笑，卻也可見在當時要保留一座木製高塔之不易，留存至今的也更顯得珍貴了。

相國寺占地廣大且開闊，但似乎反而少了「幽微」之美，無太多可觀之處，敷地內雖有些許墓地，但未全部開放。鐘樓前有塊牌子倒引起我的注意，因緣於當年既是以宋國相國寺為參照對象，到了一九九〇年代，中日兩國積極修好，京都和開封的大相國寺也開始頻繁交流，大相國寺方丈釋心廣法師，於二〇一一年致贈此鐘樓給京都，名為天響樓，並立友好紀念碑。

我感覺「心廣」是很好的名字，祈願兩國人民，真能以廣闊心胸、正確的態度，去面對歷史過往。

20　依明治時期的國史學者田中義成所述，當年足利義滿建立寺廟時，曾向春屋妙葩及義堂周信徵求意見，兩人是臨濟宗的僧人，也是夢窗國師門徒，他們建議，因足利義滿已位至丞相，不妨取名為相國寺，且宋國就有相國寺，亦屬應景。

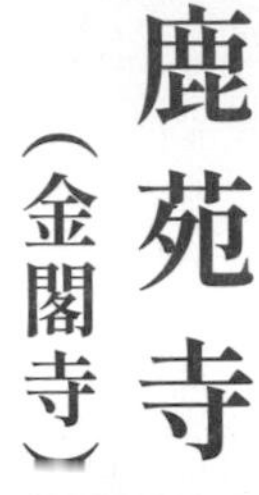

一三九七年 鹿苑寺（金閣寺）

整理相片檔案夾，見到多年前來京都時的隨手拍。不同的行程，都拍下同樣的畫面：本身就是御守的一張門票，寫著「金閣舍利殿御守護 京都北山 鹿苑禪寺」。

雖不想誇大其詞，或一概而論，但極可能，問到京都最有名的景點，許多人的答案會是金閣寺，或至少是其中之一；但，京都其實並沒有一座名為「金閣寺」的寺院（儘管地名都稱為金閣寺町）。

準確地說，它是相國寺山外塔頭，全名為北山鹿苑禪寺（鹿苑寺）；至於寺中境池湖畔金碧輝煌的建物正名為「舍利殿」，其三層風格有異，第一層「法水院」為寢殿造，第二層「潮音洞」為武家造，第三層「究竟頂」則屬禪寺風格；[21] 因上

21 正如林屋先生所說：「為了維持幕府統治，足利義滿不能無視公家的宗教權威。他用大量吸收了公家文化的金閣和『能』等來裝飾門面也就是理所當然的。」

兩層飾以金箔，故被稱為「金閣」，這名稱非常具象，久而久之便成了寺院的代名詞，並成為「北山文化」[22]之象徵。許多人也知道，它曾在一九五〇年被一名見習僧侶林承賢縱火燒毀，這個事件觸發了許多文學與影劇創作，最有名的應是三島由紀夫的小說《金閣寺》；或也正因此，令這個名稱深入人心而普及。

若是從被燒毀前留下的相片或明信片來看，以前的舍利殿並沒有這麼金光閃閃，反而有著年代的沉澱；但在事件五年後，經由京都各界捐款以及官方補助而重建的殿舍，則是根據史書記載復原了原貌。

而在建築學作者磯達雄與插畫家宮澤洋合著的《重新發現日本：六十處日本最美古建築之旅》書中，卻認為「由於金箔的影響，導致建築細節方便的陰影消失了，看起來像是個模型」。儘管相看兩不厭，但除了拍照與讚嘆之外，如今我更想了解的是它的創建者——足利義滿。

歷經室町幕府前期的南北朝分立，以及圍繞著繼承人而生的混亂局面，做為二代將軍足利義詮庶子出生的「春王」，足利義滿自幼便見證著皇家與武家的人間相，十歲接替早逝的父親繼承家督[23]，在「管領」[24]細川賴之的輔佐下，十二歲便受封為征夷大將軍，自此步上創造室町幕府權力頂峰之道路。

說來耐人尋味，和我讀過同一個年代歷史課本的人們，最記得的日本歷史人物，除了後世的豐臣秀吉，便可能是足利義滿；兩者的共通點是，都曾尋求東亞大陸帝國政權的冊封。

做為室町幕府的第三代將軍，為了鞏固統治正當性，足利義滿曾多次向明帝國請求朝貢與貿易，這在當時東亞的朝貢體系中，實屬正常思維。意外的是，明帝國朝廷對於日本的政局知之甚詳，認定南朝才是正朔，故拒絕北朝的義滿。直到朱棣「靖難」成功，新即帝位，同樣渴求政權正當性，有人願意朝貢，那是求之不得，永樂二年（一四〇四）便冊封義滿為日本國王，並賜金印一枚。

在我看來，討論足利義滿，重點應該在於他有取天皇以代之的野心；而金閣，

22 室町文化代表之一，以三代將軍足利義滿的北山山莊（金閣所在）為代表，尚包括文學《太平記》、藝術能（劇）、狂言、天龍寺，以及五山制度等。

23 日本歷史上對家主的稱呼。

24 為幕府中央之最高行政官，負責輔佐將軍管理、支配領地，傳達將軍對地方守護的命令，並掌有許多中央機構。

便是其野心的具體象徵。然而日本歷史的微妙處便在於，並非沒人覬覦皇位，然一旦有人動了這念頭，最後都化險為夷。有時還真的令人不得不相信，以天地自然信仰為基礎的神道，似乎一直默默庇蔭著皇室。

我來過金閣至少三次，見過鮮綠與深紅，但都有些年月了；如有機會再來，怕是為了可遇不可求的「雪金閣」，那就必須看到京都可能降雪的預報，便立刻動身飛到這裡來守候不可……

往昔總是鼓勵人們多出去旅行，而今卻常提醒自己不要太過於貪心，畢竟已見過世界各地的不少風景；如何將這些經歷，內化為人格與知識的底蘊，才是這個人生階段應落實的修行。

一四五〇年

龍安寺

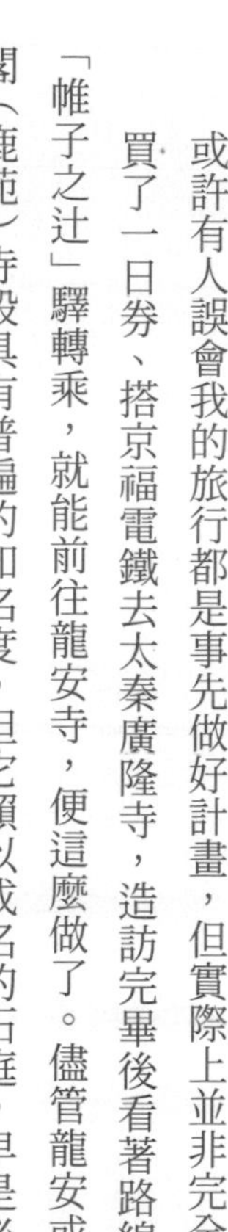

或許有人誤會我的旅行都是事先做好計畫，但實際上並非完全如此。

買了一日券、搭京福電鐵去太秦廣隆寺，造訪完畢後看著路線圖，發現只要在「帷子之辻」驛轉乘，就能前往龍安寺，便這麼做了。儘管龍安或許沒有清水或金閣（鹿苑）寺般具有普遍的知名度，但它賴以成名的石庭，早是必去而未去的遺憾之一。

從京福北野線的龍安寺驛出站往北走，是條小小參道，路旁的花之香咖啡館有濃厚的社區味道，雖是稍顯寂寥的商店街，卻有個很威風的名字：「龍之道」，不免失笑。從車站走到山門，約需十幾分鐘步程，微上坡。雖說不算辛苦，但若搭公車則可直接抵達山門前，這當然是去過才會知道的細節。

在面對著石庭的方丈內，展示著八面「雲龍圖」，見文字說明，是為了「開基細川勝元公五五〇年遠忌紀念特別公開」，出自當代的政治家細川護熙手筆。他曾在一九九三年當選總理，六十歲退休之後悠遊於藝術，在各處寄贈畫作或陶藝作品，

近年常見到他的作品。

儘管自認對室町到戰國這段時期的歷史不算特別熟悉，卻無法忽略「細川」這個姓氏，如果真要走讀跨時代的史跡，或挑選大河劇的題材，總覺除了檯面上的人物之外，真正貫串數百年的「脇役」（可理解為配角），細川氏絕對是備選，或至少之一。

這家族其實和足利氏同源，因居住在三河國額田郡的細川鄉而得名，和後世的德川家還算是小同鄉。先祖跟隨足利尊氏起兵，成為重要的御家人；到了義滿時期，由於少年接掌家督和將軍，細川賴之則擔任「管領」輔佐，之後與斯波、畠山[25]兩家並稱「三管領」。如果要為這個在日本歷史上曾扮演某些關鍵事件要角的家族，找出一座最具代表性的史跡，無疑便是其後人細川勝元所創立的龍安寺（一四五〇年）。

前面提到龍安寺因石庭而聞名，具體地說，是在枯山水庭園中，有幾塊布局巧妙的奇石，歷代以來引人深思，也成為「最適合靜靜思考的禪宗庭園」之代表。

前述京都當地的司機兼導遊大島浩，曾說賈伯斯深愛西芳寺，也同樣對龍安寺非常有興趣，前後來過三次，總在這裡靜靜看著石庭；做為曹洞禪的信徒，賈伯斯深愛京都是必然。庭園中共有十五塊石頭，無論從什麼角度，都無法一眼看盡，其中蘊含的巧思與哲思，令人深深著迷，當然也衍生許多不同的詮釋。

我在石庭旁見到一份展示的中文書頁文件，取自宋國周密撰《葵辛雜識》其中的〈虎引彪渡水〉：「虎生三子，必有一彪。」大意是說，老虎媽媽生的三隻幼虎，必有一頭生性凶猛，可能傷及手足。因此在渡水（河川）之時，必須費心安排，才不會留下單獨虎子，互相傷害或被其他猛獸所傷云云。

這是用以解釋庭中石頭布局，既是寺方的展示文件，想必算是「官方說法」了。

另有南禪寺方丈庭園的枯山水，也以「虎子渡」意象聞名，或許可以比較一下兩者表現方式之異同。

25 「畠」音「田」。

方丈

一四六七年
上御靈神社

如果你從京都御苑一路往北，走過花之御所、相國寺，這段路途之長，或許令人腿軟，但走走歇歇，應該仍能感到愜意。出了相國寺北側，被一片老住宅區阻隔，但再堅持一下，小繞一段路，便可以來到上御靈神社。

對於歷史旅行者，特別是日本戰國史迷而言，這裡是你不應該錯過的。

室町幕府在風雨飄搖中，撐到了第八代的足利義政。但由於繼嗣問題引發矛盾，幾乎是重演了三百多年前，保元之亂將源、平兩家推上歷史舞台的過程，只不過，亂源由皇室變成了武家。

這場繼承權之爭，除了足利將軍家本身，「管領」們也各擁其主，從而展開一場長達十年的混戰，除了令京都中心區化為灰燼，更將戰火延伸到日本各地。這場被稱為「應仁之亂」的戰事，在京都，不，應該說在日本歷史上都十分有名且具有

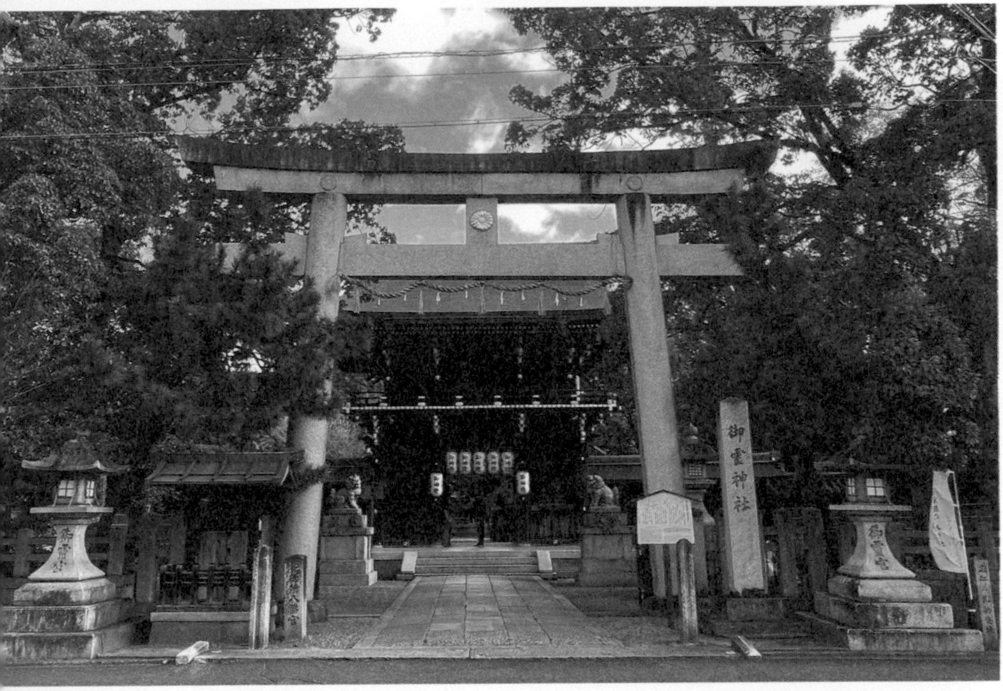
御靈神社

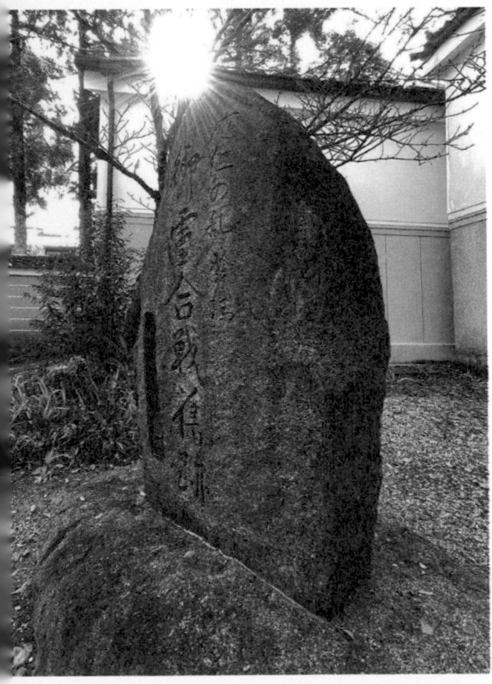

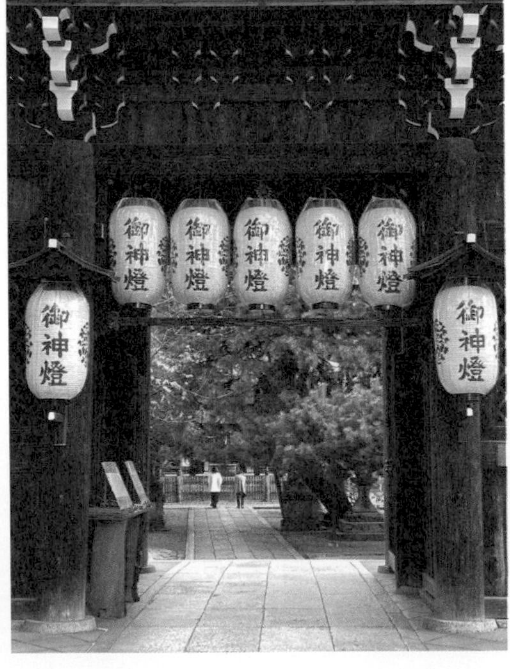

御神燈
御神燈
御神燈
御神燈
御神燈
御神燈
御神燈

關鍵性，因為它被認為是開啟戰國亂世[26]的引爆點。

這個風起雲湧的時期，就始自御靈神社。而為了與御苑南側的另一座御靈神社區別，此地被稱為「上」御靈神社，境內便有「應仁之亂勃發地」的石碑與解說牌。

所謂御靈神社，顧名思義，以祭祀並安撫怨靈為主。之前曾提及幾所專祀之社、宮，如京都神田明神、北野天滿宮、白峯神宮；但此外還有許多怨靈，包括最早導致遷都平安京的早良親王，以及歷代含恨以終的公家貴族，都集中到御靈神社來祭祀。神社創立的時期當然更早，但它作為歷史舞台的意義在於：一四六七年，原是三管領之一的畠山家內鬥由此展開，進而演變成長達十年、大規模的應仁之亂。

有這麼一個傳言：別的城市人說「戰後」，是指第二次世界大戰之後；但京都人所謂的戰後，是應仁之亂以後。雖是玩笑，但也反映了京都的歷史以及此戰役的重要性。此事非三言兩語可道盡，有些歷史主題的 YouTuber 要分好幾集影片才講得完，新銳史學家吳座勇一更寫了整本《應仁之亂：催生日本戰國時代的大亂》來細說。在這裡，只須知道，它是日本戰國的起點，或已足夠。

26　必須釐清的是，日本史中並沒有正式的「戰國時代」名稱。許多戰國史迷或許無法接受，「怎麼可以沒有戰國呢！」但所謂的「戰國」時期，按照正史定義，前段是屬於室町時代，織田信長驅逐末代將軍足利義昭之後，則直接進入安土桃山時代。

一四九〇年

慈照寺（銀閣寺）

微雨中，我走在長長的白川疏水通，也就是俗稱的「哲學之道」上，過銀閣寺橋，瞥見路旁有家名喚松葉亭的家庭料理，便停下來，先吃碗簡單的蕎麥麵，再繼續前行。走過長長的參道，進入慈照寺境內，在私人臉書打卡寫道「初銀閣」，朋友大呼不可思議，你怎麼可能到現在才初次去銀閣寺？

在世人的印象中，金閣、銀閣，應該是一整個行程配套。以過去粗淺的理解，似乎是前代建築了金閣，後一代就建造銀閣，以互相輝映；然而事實卻並非如此。這兩座建築，相隔了九十餘年。

簡單來說，「金閣」鹿苑寺被建造的時期，乃是室町幕府之盛世，第三代將軍足利義滿在位之時；發願建造「銀閣」慈照寺的，已是第八代將軍足利義政。彼時

已經歷應仁之亂，幕府元氣大傷，各地群雄烽起，按理說不適合再有大型建設。有一說是義政意圖向先祖致敬，展現昔日榮光，但從慈照寺異常低調的建築風格，似乎又並非如此。

《重新發現日本：六十處日本最美古建築之旅》一書中，未提及金閣，反而是為銀閣獨立保留一整個篇章，說它是「漆黑中的光輝」，並提到在同時期，文藝復興樣式的建築正在佛羅倫斯風靡一時，「東西方同時出現並流行了一陣建築樣式的混搭」。

書中還提到：「銀閣寺是有建築原型的，那就是由夢窗疏石整修過的西芳寺，同時也借鑒了金閣寺的樣式，從這個意義上來說，金閣與銀閣堪稱兄弟。」世人最好奇的，是銀閣原先也打算貼滿銀箔嗎？作者磯達雄認為，足利義政一開始就沒有如此打算。

銀閣，其實是後世賦予的名稱。或許還代表了亂世中的義政，對於簡潔生活的之嚮往。

有些人常會用東亞大陸上更迭的國家年號，來對

應日本的歷史階段，通常我不會這麼做，除非與兩國的戰事或交流有關；但在探訪室町時代史跡的過程，卻令我不由得想到宋帝國。儘管年代前後有差異，但之所以將這兩者聯想在一起，或許是因為它們都有個被視為相對「羸弱」的中央，然而在文化上卻大放異彩。

室町時代，若從足利尊氏擁立北朝天皇、建立幕府政權（一三三六年）算起，直到末代將軍足利義昭被織田信長放逐（一五七三年）為止，歷經二百多年而終。對照於金光閃閃的「北山文化」，銀閣被視為充滿禪風的「東山文化」[27]之代表。

在此，做為從鎌倉到室町時代的一個段落，應是適合的吧。

27　室町文化代表之一，以八代將軍足利義政的東山山莊（包括銀閣）為代表，雖遭逢應仁之亂，多種藝術仍百花齊放，枯山水庭園、書院造建築，皆在此時確立風格；並因僧侶與文化人逃離京都、尋求各地守護大名庇護，而將文化傳播到各地。

一五〇〇年→一六一六年

太閣之夢

——安土桃山時代——

楔子

許多人或許會誤解，以為歷史旅人都是不食人間煙火，整天捧著書本或盯著螢幕上的大河劇，口中唸唸有詞，見到路旁石碑或銅像就興奮不已的族群。我固然不得不承認，許多時候的確如此（笑），然而歷史既是人的行為所構成，飲食又是人的基本需求，是故「歷史宅」如我，亦是會關心飲食或甜點歷史的。

說來微妙，當我在記憶中搜尋京都代表性的老鋪之名，浮現出的卻是東京中城（Midtown）地下一樓那片寫著「虎」字的暖簾，幾年之後，又在整修完畢的東京驛飯店二樓見到 TORAYA TOKYO 的喫茶店（咖啡館）；更不用說，他們在帝國飯店與銀座都有據點。能在這類國家級門面的場域占有一席之地，絕非泛泛之輩。

虎屋（とらや），這家來自京都的和菓子名店，在多如繁星的百年老鋪中仍有鶴立之姿，正因它擁有超過五百年的歷史。根據店家的沿革，早在室町時代後期的一五〇一年，便在御所旁的一条創業，是名符其實的御用甜點。知道這樣的典故，下次挑選伴手禮，你便知道哪個品牌，足以代表知識的品味與深度。

時代流轉，一些熟悉的名字，即將站上京都的歷史舞台。

一、町衆齊心

一五〇〇年 肚臍石、祇園祭

對於許多戰國迷而言或許覺得錯愕，但的確，所謂日本的戰國時代，並非一個正式的歷史階段。十五世紀下半，經過應仁之亂之後，室町幕府的權力式微，但畢竟將軍的頭銜仍在，因而在日本正史上仍視為室町時代。由於在亂世中群雄鋒起，戰亂延續數十年，開始有些公家的文字，借鑑周天子時代的用語，以「戰國之世」來形容；到了後世，便有人以「戰國」指稱室町幕府統治的後期。

過去的印象，總是那些檯面上的武人們「你方唱罷我登場」，互相爭奪領地與頭銜，來來去去都是武將的名字，多到記不起來。相對地，我非常喜歡林屋先生在《京都》中，以整整一章的篇幅，去描寫內亂當中、真正的京都主人們，也是形塑

延續至今日的生活風貌者，那就是「町眾」。

＊＊＊

一五〇〇年，因應仁之亂而中斷三十餘年的祇園祭重新開始舉辦。

原本被稱為祇園御靈會的祭典，當然並非這個時代才誕生。正如前面寫道，早在八六三年，便曾在神泉苑舉辦初次御靈會，祭祀瘟神（疫神）與怨靈，初期或許類似在單一地點舉辦的法會，隨著時代的推移，也為了到更多街町驅除瘟疫，便開始了以「矛」做為避邪的象徵，之後又演化為「山」與「鉾」的推車形式，延續至今。

重新開始的祭典主辦方，早已從往昔的公家或幕府，轉移成為住在京都的商家與庶民們。在幾十年的戰亂中，武士相互攻擊的戰火，不僅燒毀王城內裏，當然也波及民家。被武士視如草芥的京都住民們，開

始以「町」為單位，形成自保體系，這便是除了皇室、貴族、武士、文人之外，另一個群族之誕生。

循著「町眾」的發展脈絡，我再度回到頂法寺六角堂。這裡有一塊被稱為「肚臍石」的角型石，傳說是桓武帝欲建都時，因廟堂擋在路中央，經過天皇祈願（一說宣旨），一夜之間並自動向北挪移五丈，露出一塊礎石，被稱為「京都的肚臍」，現今仍在寺境內。

由於頂法寺就位於町眾生活的區域中間，再加上肚臍石的傳說，便被視為新京都的中心，不僅是個町的頭人聚會議事之處；之後更成為祇園祭開始前，抽籤決定「山鉾巡行」順序的場所。

你們有你們的歷史，我們有我們的生活。過往以驅除怨靈或疫病為目的的祭典，彷彿成了底層百姓用以對抗上層鬥爭的一種宣示，無論戰亂如何延續，只要祭典能夠繼續舉辦，便能展現町眾們團結的意志，甚至，或許還有一點「借神威以警世」的祈望。

時至今日，夏日七月的祇園祭，以及歷史更久遠、於晚春五月進行的葵祭，再加上近代才開始舉辦的十月秋之時代祭，已成為「京都三大祭」。我曾在自己的頻道上，製作專門介紹祇園祭的影片，也是曾親身參與的紀錄；祭典的期間是整個七月，但重頭戲「山鉾巡行」分為前祭與後祭兩次，各在十七日與二十三日實行。

在這兩天，京都是名符其實「萬人空巷」，尤其是巡行的路線，均進行交通管制，旅客只能擠在兩旁人行道觀看；山鉾轉彎處最有看頭，熱門的四条河原町，更是必須一早就來占位。事實上巡行前夜的「宵山」，街道業已進行管制，市民與遊人們，許多穿著浴衣、拿著紙扇，到各處參觀山鉾，更是非常體現京都生活的「夏日風物詩」，有機會必定要體驗。

儘管現今巡行的路線，相對東移而更靠近八坂神社（祇園社），然而以山鉾停放的地點，以及巡行範圍，依然可感受到，有著肚臍石的六角堂，做為京都的中心之地位。而自古流傳下來，團結町眾（現已成為市民）士氣、有著驅疫避邪意義的祇園祭，是我認為最能感受「京都人」意識的祭典。

河原町通り
四条通り
Shijo dori

二、信長壯志

一五六八年

東福寺

紅葉時期，各地傳來楓訊，名所當然很多，其中常被提到的，便是「京都五山」之一的東福寺。

原本對此地並未特別關注，直到有次，因想刻意避開驛前排隊搭公車的人潮，嘗試由後驛的八重洲口方面，往九条走去搭車；[1] 由於從九条方面沿路上行，經過了東福寺的山門前，深為其規模所震懾，想著有機會應來參訪。而既是紅葉名所，選期不如撞日；快速研判地圖，認為直接叫車（UBER 或計程車）上山最快。這都是旅行的經驗累積，毋需因爬行長長的上坡而消耗體力。正如之前參訪平等院的經驗，熟門熟路的司機直接將我送到最高處的入口，之後路程便是一路愜意下行。

東福寺極為巨大。熱門的紅葉名所包括通天橋、臥雲橋等，抵達當地就知道，

是常在網友分享相片中所見之情景，確實是非常適合拍照的景點。我也混在遊客中，興奮且貪婪地捕捉每個角度的畫面，直到拍完，才關注到寺內相關的史跡，還有哪些可看。

結果，意外得到一個非常重要的印象：由於地處由西方或南方進入京都必經之路的制高點，在歷史上的許多戰役中，東福寺往往被當做前進基地，或最後防線。這，或許是眾多醉心於紅葉的旅客，再度錯過的觀看角度吧。

例如，我在爬梳歷史資料時發現，當織田信長支持足利義昭接任將軍，派兵護送其「上洛」之時，為了與原本盤據在京都的強豪對抗，經過幾場鏖戰，由山科經粟田口入京，並將陣地設在東福寺，同時細川藤孝控制御所，取得優勢之後，才讓將軍義昭進駐到清水寺。

1　若要直接說結論，這並非太聰明的做法（因步行距離稍遠），雖然的確較容易有座位。

換句話說，對於戰國史迷而言，東福寺，可說是信長與京都的最初接觸，並是他未來霸業的起始，那年，是一五六八年。

至於後來義昭意識到信長的野心，並開始組織「信長包圍網」與其對抗，兵敗遭到流放等恩怨情仇，嚴格來說主要戰場並不在京都。尾張豪強出身的信長，對於文氣十足的京都似乎興趣不大，轉而在統治區域中心的琵琶湖東岸，建造巨大的安土城。

這段時期，倒是由於信長對外來的西洋傳教士相對寬容，留下曾在京都建立「南蠻寺」（即教堂，一五七六年）的紀錄。儘管南蠻寺在其後的「伴天連追放」（驅逐傳教士）時已被毀，但京都市內仍留有「此附近南蠻寺跡」的石碑；有意思的是，其位置距離町眾生活的中心六角堂並不遠。可以想像曾有一段時期，在京都的中心，不同種族與信仰的人共同相處的場景，彷彿是另一座「永恆之都」耶路撒冷的寫照。

我穿梭在賞楓人潮中，繼續尋找過去戰役在東福寺留下的史跡。整整三百年後的一八六八年，此地再度成為代表皇室的薩長聯軍、抗擊德川幕府軍隊的前線，境內不僅各有長州與薩摩戰亡紀念者慰靈碑，甚至有西鄉隆盛親筆書寫的碑文……當然，這些都是後話了。

一五八二年 本能寺跡

一五八二年（天正十年）六月，日本歷史悄悄轉了一個彎。

那天夜裡，因明智光秀的謀反，一代梟雄織田信長殞命於京都本能寺。關於光秀謀反的意圖有太多陰謀論與說法，加之信長在許多戰國迷心目中崇高的形象，因而使得本能寺成為京都歷史走讀過程中，跳不過去的重點。

許多人或許和我一樣，都是在熱鬧的新京極商店街、寺町通一代逛街，逛著逛著，就意外地邂逅了本能寺，心中驚呼：原來就在這裡！但如果再認真一想：不對，本能寺豈非在當晚就燒毀了？

在初次邂逅寺町的本能寺十多年後，我從四条大宮驛，跟隨導航沿著四条通再轉進塩小路，步行約十分鐘，終於尋得了「本能寺跡」石碑。

石碑後的現代建築仍頗有歷史厚重感，根據說明，此地原是大正年間所建之本能小學校，乃京都第一所鋼筋水泥校舍，改建時保留了學校大門做為區域的象徵，門上「本能」二字深刻清晰。

這整座建築被稱為「本能ノ辻子」，亦即「本能街區」之意，曾獲二〇〇七年的優良設計賞，全區包括本能寺跡、空也堂、祇園祭山鉾之一的蟷螂山、吳服商野口家住宅，以及茶聖千利休曾用來泡茶的井戶「柳之水」；建築本體則是做為自治會館、堀川高校，以及老人養護設施使用。

我站在門口張望片刻，正如日本各地的公共設施一般，呈現剛柔並濟又簡潔的設計質感。除了門外的「本能寺跡」石碑，門內另有「本能寺址」木牌，說明：寺的沿革可追溯到一四一五年設立的本應寺，遷到現址後改稱本能寺，並曾做為織田

信長的假宿（旅居）所云云；後在秀吉重整京都街區時，與其他許多寺院一起遷移到了「寺町」。寺町之所以為「寺」町，便是由此典故而來。

關於織田信長最後的事蹟，相信大家也都很熟悉：就在他的地位如日中天，派遣部將羽柴秀吉攻略西國與毛利家抗衡，並且自己也動身要趕往前線的關鍵時刻，卻遭遇了明智光秀突然的叛變，率軍攻入信長在京都居住的本能寺，一代豪傑就在以寡擊眾、奮力抵抗之後，轉身進入內室，如同他所喜愛的一曲〈敦盛〉，「人生五十年，如夢又似幻」，葬身火海之中。這也是無數戲劇不斷重複演繹的場面。

如今寺町的本能寺雖非信長殞命之原址，然而其三男織田信孝仍在此建立了御廟所以及供養塔，祭祀在本能寺之變當晚喪生的信長與其側進（隨扈），以及在二条新御所自刃的嫡子織田信忠。應該說明的是，由於信長的遺體從未被發現或證實，因此在京都以及日本各地相關處所，共有二十一個衣冠塚或供養塔。但我想，對於旅人來說，來到本能寺，或許足矣。

本能寺的官網上，詳述了信長與本能寺的因緣。其中有些觀點是很有啟發性的，例如信長因為曾經下命燒毀比叡山延曆寺，而被稱為「佛敵」或「第六天魔王」，他也如此自稱；但這裡卻寫著，信長真正的意志是要恢復佛教本來的面目，向當時腐敗的宗教界發出一記警鐘。

在留下的紀錄裡，信長前後共寄宿在本能寺四次，可說是非常信任且鍾愛。主要原因有三：第一，住持日承上人是天皇的親戚，有利於建立與皇室的關係，至今本能寺都還掛著菊花紋章。第二，當時的本能寺建有高牆且圍繞著「深堀」類似護城河一般，有易於防守的功能。第三，本能寺很早就去種子島傳教，在當地有許多信眾，而種子島又是火繩槍也就是鐵砲傳入的地方，因此透過本能寺的信眾脈絡甚至可以取得鐵砲和火藥。這些都是嶄新的觀點，也可以說是歷史旅行中發現的樂趣，而本能寺的線上商店，也將信長做為主題，販售許多周邊商品。

至於謀反的明智光秀，僅得所謂「三日天下」，實際是在十二天之後，就在「天王山之戰」或稱「山崎合戰」中，被從前線極速折返的羽柴秀吉以及其他信長的支持者所擊敗，傳說於敗走途中被農民刺殺或自殺。「山崎合戰之地」以及「明智光秀首塚」石碑，一西一東，也仍在今日京都府的大山崎町、東山區範圍之內。

而這個山崎，就在大阪與京都的中間，除了相關史跡，還有朝日啤酒冠名的大山崎山莊美術館；我也曾去探訪過SUNTORY的山崎蒸餾所，是日本威士忌的發祥地，街上還有道地的義大利餐廳。或許你覺得這個結尾反轉有點大，但歷史主題的旅行，並不都是枯燥無味，其實也充滿各種發現美食與生活風格的樂趣，希望這樣的觀點與旅行方式，能被更多人所認同。

信長「天下布武」之未竟野望，皆在京都畫下句點。

三、桃山拾遺

一五九一（年）

御土居（史跡—北野天滿宮 紅葉苑）

光憑印象，常會失真。以前對信長、秀吉、家康「戰國三英傑」的認識，或因多半來自各戰役名稱，總覺得除了本能寺與二条城以外，三人和京都的連結不強。然而在梳理相關史跡的過程中，卻意外地發現，原本因建設難攻不破之巨大城池，而與大阪有強連結的秀吉，竟是三人中在京都留下最多「指紋」的一位。

或許是因為秀吉出身卑微，並非有血脈的武將，因而無法被授與征夷大將軍之職，他轉而以公家文職的最高等級「關白」為目標，其後甚至被任命為太政大臣，尊稱「太閤」[2]。或許因此，他也認真想將京都由「公家的城市」轉化為「武家的城市」。

2 究竟是「太閤」或「太閣」偶有爭議，我個人是傾向原應為「閣」，亦即內閣的首席。

右　粉紅框線即為御土居範圍

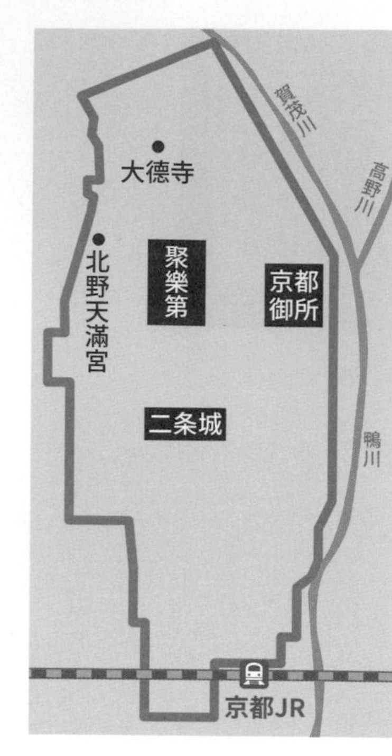

試舉數例。信長遇害隔年，秀吉開始在石山本願寺的原址上建設大阪城做為本部；同年又在京都築「妙顯寺城」（位於現今二条城東側）為據點；後又陸續建築居所「聚樂第」、大佛殿，乃至於跨越鴨川的五条大橋、三条大橋，末者更成為東海道的起點、京都的「東玄關口」而知名。

到了一五九一年，亦即本能寺之變後第九年，秀吉在前一年完成了小田原征伐，平定東國，成為真的「天下人」，同時在此年強迫千利休切腹、頒布身分統制令，並開始在京都四周修建「御土居」。所謂御土居，可以解釋為具有防禦性質的土壘。之前提到平安京奠都之初，既是仿照長安城並建有羅城門，原應是有城牆之計畫；最終並未實現，因而成為一座不設防的都城，後世多發亂事，兵馬長驅直入。

許是由於這樣的教訓，令秀吉認為應將京都保護起來，並做為「洛中」與「洛外」之分界。

當我第一次讀到京都竟然存在這圍土壘的時候，心中笑道：「好個猴子，把京都用土圍起來，當真是一點也不風雅啊！」但其實建設御土居的動機尚未有定論，也有

現在地が
史跡 御土居です
三又の紅葉対岸中程
順路
一方通行

說是為了防止水患的堤防，或做為與寺社勢力與都市住民的分斷。一如他的效率，御土居只花了兩個月左右便建設完成，然而只維持完整大約十年，隨著秀吉的辭世，某些段落便開始拆除或荒廢，但目前在京都市區，仍有幾處御土居遺址，名符其實為「斷垣殘壁」。

某次深秋成行前，由於接近季節尾聲，我查閱著何處仍開放紅葉夜間拜觀，意外見到北野天滿宮有「史跡御土居之紅葉苑」。以前只知天滿宮與菅公的緣由，知道它的梅苑「花之庭」是賞梅名所，卻不知在其西側尚有這處紅葉苑。想來許多京都的「景點」便是如此，只要你對歷史有概念或興趣，總有發掘不完的可愛之處。

下午五點半左右，我來到北野天滿宮。十二月初的天色已近全黑，由於是初次見到夜間照明裝飾的天滿宮，沿途忍不住拍攝建築細節，但一意識到紅葉苑僅開放入夜後到七點半，腳步便加快起來。入口「受

付」並不難找，已有許多人排隊等候，門票一千二日圓附茶菓子，值得。

進入後，紅葉苑的實際規模大得令我訝異。若只來參拜過本殿是無法理解的，原來天滿宮是建築在名為紙屋川的水道東岸上方，同時也是御土居西北角重要的「乾」位（乾坤的「乾」）所在，水道的堤岸加上御土居的高度，形成八點五公尺以上的落差。

我跟隨人流，沿著階梯登降、過橋，渾然不知步道究竟有多長，只感覺像是人體雲霄飛車般，在紅葉的山谷中穿梭，並不時停下腳步拍攝。但有別於旅客總是依偎著紅葉取景，我並未忽略途中有關御土居的遺構以及說明牌，包括「版築工法」或特別為了「惡水拔」而預留的暗渠排水口等，皆是這道曾經存在於京都的「城牆」之獨特見證。

末了，來到出口旁的茶屋，用門票換得「北野大茶湯」之菓子與熱茶一杯，甜口暖心，胸口有種飽滿的感覺。

一五九七年

伏見桃山城

往年許多次離開京都時，無論搭電車或巴士往南行，總會見到車窗左側的小山上，屹立著一座天守。由於太醒目，你很難不注意到它，但似乎又很少人提到曾前往遊覽。後來我才知道，它就是秀吉的桃山城，或更準確地說，是在桃山城原址上重建的仿製品。

前面提到在戰國三雄中，秀吉事實上對京都進行最多的建設，其中最令人感到瞠目的，或許要算是桃山城，以及其城下町「伏見」之闢建。尤其城名，甚至成為「安土桃山時代」之代表與象徵，如何能不去了解其典故與風格？

所謂安土，指的當然是織田信長在琵琶湖東岸所建的安土城，早已消失在時代中，只留下其壯麗無比的傳說；而秀吉在京都南側一處小山丘上建設的居城，原名應為「伏見城」，但因後世在山丘上遍植桃花，便被世人稱為「桃山城」。至於為何沒有太多指南推薦，或相關的旅記流傳，尚未實際到訪之前是無從得知的……

某一次回程當天上午，我決意前往伏見桃山城。研究了路線，若非自駕，只能搭電車到JR桃山驛，或近鐵丹波橋驛，再步行或搭車前往；那次主要以近鐵為交通方式，所以選擇了後者。近鐵丹波橋是一座很小的車站，出了月台下樓，發現完全沒有公車或計程車可搭，頓時有點傻眼。沿著窄巷前行，走到交叉路口，望著對面前方的上坡，正感些許無助，恰好一部計程車迴轉而來，連忙揮手攔車。

「你要去伏見桃山城？那裡什麼也沒有呢。」好，這已經不是第一次聽見這樣的答案，嚇不了我的。

有了代步方案，倒是非常快，大約五、六分鐘車程即可達。看著車沿山路蜿蜒而上，不禁又慶幸，幸好是搭車上來啊，否則必定邊走邊罵白費了時間。司機先生將我載到運動公園停車場入口，必須步行入內，總覺得他離去時眼角有些同情的餘光。

正對著停車場，便是大手門，走到這兒我大致就

能理解為何，除了幾乎完全沒有任何遊客之外，建築看來也未經太多修繕，門前的告示牌上寫道，此地原本是「伏見桃山城樂園」，一度閉園之後，再度開放做為市民的運動公園或影視拍攝使用。至於現存的大手門與天守，都是一九六四年重建的鋼筋水泥建築，僅做為地標象徵，天守內部並不開放。

雖然顯得寂寥，但既然都已來到此地，便以隨興的心情入園。平心而論，若單純做為拍攝場景，整座城維持得算是相當不錯，天守因多年未曾粉刷，反而呈現古樸之意，更不用說保持良好的階梯與礎石。當時雖已過了櫻花季，但挨著城旁仍有一株深桃紅色的花樹綻放，我雖不辨花名，便私自認為是桃花了，彷彿為了印證它過去曾有過的華麗。

秀吉晚年精心經營京都，特別是做為大阪到京都之河舟轉運口岸的伏見，更被視為發展的重點。

以往追尋坂本龍馬相關史跡，曾多次來到伏見，因為此地有與龍馬、阿龍，以及薩摩志士淵源甚深的船宿寺田屋。當時便知，在京阪本線「中書島」驛這帶，是個頗有風情的小小港町，古代從海港大阪沿著淀川而上，來到伏見轉乘小型的十石舟、經由運河北上，是貨物與人的流通方式。伏見也是京都日本酒的產區，知名的銘柄黃櫻、月桂冠均出自於此，如今還留下不少大名屋敷的町名。

一五九七 伏見桃山城

當時還渾然不覺，原來這處扼住大阪往來京都經濟動脈的街區，竟是因「秀吉的城下町」而被建設起來。根據記載，秀吉先是在靠近河口不遠處建造「指月伏見城」做為隱居之用，於一五九四年入城，兩年後就因地震而損毀。於是又在東邊的木幡山頂建造新城，於一五九七年完工，秀吉於隔年即病逝於此。以往在戲劇中總誤以為他是薨於大阪城，卻不知原來這裡才是終焉之所。戰國三英傑中，前兩雄都在京都走到盡頭，似乎也是種微妙的宿命。

或許是因伏見城防線未成，根據秀吉遺言，繼承人豐臣秀賴轉移到大阪城，伏見城做為五大老之首的德川家康處理政務之所在。兩年多之後，石田三成舉兵討伐家康，是為關原之役的前哨戰，德川家的老臣鳥居元忠留守伏見，壯烈成仁，伏見城也大半燒失。

此後雖經重建，但最後仍決定廢城，拆解做為二条城等建材使用，據聞一部分雕刻轉移到西本願寺。更有傳說鳥居等忠心家臣自刃時染血的木地板，被供養在養源院、正傳寺做為天花板，被稱為「血天井」，但目前仍無法驗證是否真實。

如果更早知道這些血腥的歷史，或許就不會執著定要上來此城了。其實我在城中也並非孤單，還有一名女學生也踱步其間，但她忽隱忽現，反而平添幾分玄幻，令我腳步不禁越加越快，幸而在另一頭出口建有棒球場與小型足球場，正在進行練

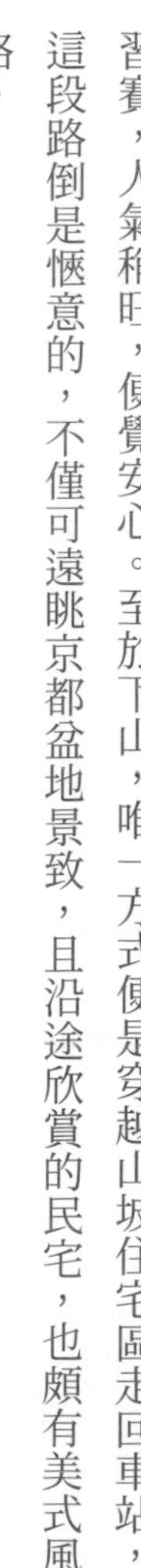

習賽，人氣稍旺，便覺安心。至於下山，唯一方式便是穿越山坡住宅區走回車站，這段路倒是愜意的，不僅可遠眺京都盆地景致，且沿途欣賞的民宅，也頗有美式風格。

不過，如果沒有特別原因，我想應該不會再來伏見桃山城吧。在桃山的另一側，日後做為明治天皇的陵寢使用，那就留待另一段歷史旅程再訪了。

一五九九年 豐國神社——一六一四年 方廣寺

旅途中總是需要一些呼吸的空檔。

從蓮華王院（三十三間堂）東大門，以及後白河帝法住寺陵的小路往回走，途經有著「血天井」的養源院，到七条通右轉，隱身於大片竹林帷幕後方，便是京都凱悅酒店（Hyatt Regency Kyoto）。此前讀過關於這家低調奢華旅宿的報導，特色是由無印良品的空間設計師杉本貴志監修、率領團隊設計，以京都傳統織錦為創意源頭的白色鏤空木飾天花板。

我入內欣賞了一會大廳，便坐在外部庭園的長椅上研究地圖，兩位來自澳洲的旅人也坐下休息，彼此寒暄幾句，各自讚嘆京都之美好。地圖上，從六波羅蜜寺到蓮華王院之間，根據近年累積的知識，應為往昔平家全盛時期之宅邸所在，如今被連接五条大橋的國道一號橫斷，但在道路南側，仍有一整片堪稱廣大的區域，一部

分便是近代的京都國立博物館用地。

博物館東側有一條極長的上坡參道，路旁寫著通往秀吉墓所的阿彌陀峰之豐國廟，我才意識到，原來除了豐國神社以外，還有另一座祭祀秀吉的寺廟，但光看就知道必須花費極長步程，只好放棄。然而若沿著人行道往北，經妙法院，以及直接與其庭院積翠園共構的京都四季飯店（Four Seasons Kyoto），對面一條極小的巷道，卻可通往又一個歷史交錯的時空，那便是方廣寺大佛殿跡。

在這塊不算太大的地域之中，幾乎濃縮了強人秀吉的晚年，甚至還延伸到他身後，豐臣家的衰亡。

約莫就在建造指月伏見城的同時，秀吉對京都的都市計畫初步底定，開始進行第二階段的建設，其中之一，便是發願塑造日本最大的毘盧遮那佛（如來佛），並建造大佛殿來安置它。是的，你沒看錯，現在都說奈良的東大寺是世上最大的木造建築、最大木造佛像，但其實在京都曾存在這尊高達十八公尺的「幻之大佛」。

為了在最短時間內完成大佛的鑄造與建造，不僅調集了全日本的人力、物資，還將「刀狩令」沒收來的民間刀械溶解來製造鐵釘。根據記載，大佛殿的占地，涵蓋了目前方廣寺、豐國神社、京博一帶，於一五九五年完成；然而僅在完成不久，就陸續遭遇地震與火災，歷經數代，佛像的尺寸不斷改小，大佛殿建築保留到現代，終於因無名火而全燬。

我走到大佛殿跡，目前僅留下一座寂寥的綠地，繞過公園，便進入現今的方廣寺與豐國神社境內。秀吉於一五九八年薨去，隔年便建造了豐國神社以祭祀，想必在當時仍有相當的規模。

秀吉身後十六年，成年後的秀賴，為了恢復豐臣家之威望，開始修復因地震倒塌的方廣寺，並於本殿中安置一巨大梵鐘，鐘銘為一首漢文四言詩，據稱是由精通漢學的南禪寺住持、臨濟宗文英清韓長老所著。

然而在片桐且元將鐘銘呈交給德川家康時，被以近乎文字獄的方式解釋為對家康不敬，成為發動大阪冬之陣的導火線，被稱為「方廣寺鐘銘事件」，時為一六一四年。正如許多人已經知道的，先後兩次戰役，最終導致豐臣家覆滅。這段典故，是對戰國歷史有涉獵的人們，必定非常熟知的情節；當我終於走到這座大鐘之前，有種「原來就是你啊」的既視感。

其後進入江戶時代，豐國神社是在北政所（寧寧）的心願下才得以保存，但禁止整修，基本荒廢；直到明治天皇親政才下令整修，但規模不大，和當初「太閤」身分似不相符。

從鳥居走下，前方的馬路意外寬廣，被稱為「正面通」，可以想像當初從鴨川一路延伸上來，應是有大參道的。對面是一座「耳塚公園」，是秀吉晚年發動入侵朝鮮半島的戰役（一五九二至一五九八年），武將們將敗者耳朵割下（有一說是鼻子），做為論功行賞的證明；這或許就是為什麼，我其實並不太喜歡這個人物的原因。

在耳塚前看了一會，忽然覺得疲憊。儘管走回公車站牌，或甚至步行回到京都驛，都不算太遠，但一點也不想走了；正好路旁停著一部計程車，就搭車回到下榻處，結束了這段太閤晚年的巡禮。

上　豐國神社／左下　耳塚／右下　方廣寺鐘樓

一六〇六年

高台寺、寧寧之道

許多來到京都的旅人，或許都走過這條下山路線。參觀完清水寺後，沿著門前熱鬧的清水坂下行，到了岔路口，也就是團體遊覽巴士停車場的前方些許，右轉下階梯到產寧坂（三年坂），然後再接二年坂，直走到「維新之道」路口。這段路，可以說是最典型的觀光路線。

有些旅客會在此結束，沿著高台寺南門通走回「東山安井」公車站，前往下個目的地；更熟門熟路的常旅者，懂得從高台寺公園下方繼續北行，一路通往圓山公園，再經由八坂神社出祇園，重返塵世。從高台寺西側到圓山公園這段路，有個廣為人知的可愛別名，叫做「寧寧之道」（ねねの道）。

寧寧，毫無疑問就是秀吉那知名的妻子。做為武家出身的女兒與養女，卻看上來歷不明、一介貧民出身，還是信長下級家臣、尚無任何功名，且大她十歲的秀吉，不能不說她確是眼光獨到，且是當時稀有的自由戀愛；從此寧寧跟隨秀吉度過波瀾

壯闊的人生、戰國風起雲湧的歲月，相伴三十多年。

秀吉死後，她從「北政所」成為「高台院」，並出家為秀吉祈求冥福，在家康的協助下，利用原本傳說供奉黃金八丈大佛、已在戰亂中燒失的雲居寺舊址，於一六〇六年創立了高台寺。在戲劇中，寧寧的形象，往往是一名開朗、堅強、有些潑辣卻又明理的女性角色，或者如我在高台寺所見、為「北政所四百年大遠忌」而立之木牌上所寫的，「溫柔與幽默」，普遍受到人們喜愛。

高台院在秀吉離世後，又活了二十多年，在德川與豐臣家爭鬥的最後階段，依然發揮著影響力，左右豐臣系大名們的動向。她最後倒向德川，原因眾說紛紜，或也隱含著對於秀吉晚年寵愛的側室，淀殿茶茶之爭鬥心，但很少人責怪她。

雖然不常進入高台寺，但我對這座寺的確也有感情。原因是，它就位於通往龍馬墓地所在的「維新之道」路口，幾乎每次前往參拜，都要經由高台寺南門通路過；而多年前初次在龍馬忌日當天參拜完天色已暗，瞥見高台寺正好開放，用餐後便和旅伴隨著人們排隊入內，是人生初次「紅葉夜間拜觀」的震撼體驗。當年夜拍技術不行，葉色紅綠參半，但寺內臥龍池倒影，令人驚呼：原來夜觀紅葉，是如此夢幻之景象！

事隔十多年，再度於紅葉季節來到高台寺，心想這次就不要再路過了吧。它並不是當紅的名所，故外國遊客不算太多，反而是日本外縣市的老年人慕名而來。我循著指示，波心庭、開山堂……見到臥龍池的那刻，心想「是了，就是這裡啊」，當年在黑暗中傻傻跟著人群走的地點，終於在午後陽光下再度遇見。

離開時，我選擇從西側的台所門，下台所坂階梯，接回寧寧之道。這條長長的石坂，亦是許多人注目的紅葉名所之一，世間訛傳得名於將軍夫人的尊稱「御台所」，但秀吉未曾當過將軍，故不可信。曾讀到一個有意思的說法：這條坂道是當

上　高台寺臥龍池

年寧寧來往圓德院以及高台寺的廚房（台所）之路，如果通過台所門，料理將變得「上手」，吸引了料理人與準新娘（花嫁修業）們到訪。

比起遊人如織的三年（產寧）坂、二年坂，相對寬闊且謐靜的寧寧之道，是一條更適合散步的路，且隱藏著不少餐廳、料亭和旅宿，鬧中取靜；不遠處的大雲院祇園閣，是近代豪商模仿祇園祭山鉾所建，也被暱稱為「銅閣」。

一旁還有條曲折的石塀小路，因為舒國治哥曾寫入《門外漢的京都》而知名，往往有來此尋幽的讀者。

而我沿著寧寧之道往北，沿路張望著過去未曾注意的細節，有幕末的御陵衛士屯所跡、大雲院的織田信長與信忠墓、平清盛時期的歌人居所西行庵、白河帝之寵妃祈園女御供養塔，最後走到圓山公園，從說明牌得知此名得自鎌倉時代初期的高僧、重要史料《愚管抄》作者慈圓僧正……平常有看大河劇，得以對這些名字如數家珍，真是太好了啊，心想。

一六一六年 西本願寺

前夜抵達大阪梅田附近的商務旅館，倒頭便睡。晨間五點多醒來，原欲繼續賴床，但隨即一想，既然醒了就早點去京都吧。電車抵達京都時正好七點，深秋的第一道晨光暖暖照在京都塔上，在 Porta 地下街簡單點了早餐與咖啡，便步行前往飯店寄行李。這次下榻的地點鄰近西本願寺，放好行李便行前往。

雖只清晨，已有遊人來此拍攝知名的阿彌陀堂前大銀杏，以及御影堂前的水吹銀杏，看到網路上的討論，才知它早被京都常旅客所熟知，於我反而是一種偶遇的額外驚喜；自己來此之目的雖非為了拍攝銀杏，仍不免俗地興奮取景。那麼我又為何而來？

織田信長生前，曾與大阪的石山本願寺周旋多年，本願寺顯如雖與信長談和退

出，但其子教如依然據地頑抗，最終仍將讓渡給信長，大火三天三夜而燬，亦即日後興建大阪城之原址。信長亡故後，秀吉對顯如相對友善，贈與京都堀川六条的新寺地，便是現今西本願寺所在。當時已是一五九一年，也就是秀吉大興土木，建造御土居、同時進行多項都市改造計畫的時期。

為什麼要在最後回頭提到這段歷史，是由於閱讀林屋先生著作時，他提到「若要尋找桃山文化之面影，只能到西本願寺去」。原因是，秀吉在京都時期的建築，例如聚樂第、伏見桃山城，皆因各種因素而拆毀或不存，其中最具藝術代表性的門樓與雕刻，一部分便成為保存在西本願寺，分別是飛雲閣，以及著名的唐門。

根據網上找得到的記載，唐門可能來自伏見城或豐國神社，但並無確切證據，惟可知約莫是在一六一六到一八年間，移築到現址。儘管西本願寺在稍早便已創建，本身的門廊樓堂亦極具參觀價值，但

京都有歷史之寺院多矣！對我來說，它真正的意義，應在於保存了安土桃山時代之殘影，因此將它擺在了這個時間位置。

從水吹銀杏所在的庭院向南看去，便可見到柵欄後方的鐘樓。即使不看說明，都能明顯感受到其雕刻風格之華麗，遠不同於此前所見之各處寺院建築。鐘樓後方，隔著小小的滴翠園池塘，便是飛雲閣，它平常不對外開放，僅在每年短暫的特別開放期間得以進入，我既錯過，只能透過柵欄與鐘樓的縫隙，以眼睛用力觀賞。它與鹿苑寺「金閣」、慈照寺「銀閣」並稱「京之三閣」，可見其藝術價值。

至於門，我原先以為阿彌陀堂前的正門便是，還傻傻地讚嘆其美，後來才知道那僅是「阿彌陀堂門」；直到為了想看清飛雲閣，繞到北小路門內，望見前面的門樓似也可觀，前行探訪，才驚覺：「原來這才是

唐門！」瞬間就把原本的兩門狠狠甩在後面。

太美了，我的天。

旁邊的告示牌上寫道，唐門於二〇二一年修復完成，共花了三年多，且為暌違四十年的修復工程，雖說古蹟都強調「修舊如舊」，然唐門原本就應該是華麗鮮豔的，我有幸見到它近乎原本該有的樣貌。我不想錯過每個細節，一一凝視，並盡力拍攝，完全可以理解它為何又被稱為「日暮門」——形容人們欣賞此門，會看到沉醉其中、不覺已近黃昏。此刻尚是清晨，固然沒那麼誇張，但我應該看了十五分鐘以上。

貧民出身而成為「天下人」的豐太閤，飛黃騰達之後特別喜愛金碧輝煌的裝飾。以前我固然嫌其暴發戶般的俗麗，卻不得不承認，正因信長與秀吉的浮誇與虛華，塑造了名為安土桃山的風格[3]，為京都留下如今所剩無幾的史跡，以及屬於那個時代之華麗。

3　關於安土桃山時代的風格，資料上是這麼說的：「桃山藝術以秀吉在伏見修建的城堡小山為名，在這時期十分繁榮。這個時期由於對世界產生了興趣，以大都市為中心的經濟發展，商業手工業者地位上升使得此時的藝術顯得富麗而奢華。華麗的城堡建築和室內裝飾，用金葉子修飾的彩繪屏風，展現了大名的實力和財富。南蠻貿易有所發展，外來的『南蠻』（即歐洲人）產品的使用變得很普遍。」

四、家康太平

一六一五年 桂離宮

一六〇九年，介於關原戰役與大阪冬夏之陣期間，一段短暫的平靜歲月。這年的中秋月圓之日，有位親王吟詠著和歌，道：「以月亮聞名的桂之地，應該也沐浴著與此處同樣的月光，照映著片片染紅的秋葉吧？只是無人知曉那秋葉有多紅。」吟歌的這位，是正親町天皇的孫子，也曾是豐臣秀吉養子的八条宮智仁親王。

自從鎌倉時代後期，經室町一直到安土桃山時代，皇室或公家固然一直存在於京都，但似乎始終就是個「背景」，我也沒特別寫到。然而此刻天下初定：家康已將征夷大將軍的位子讓給其子德川秀忠，在駿河（靜岡）隱居；儘管仍有些戰役要解決，但那平安時代的餘韻，似乎又回到了這座城市來。

智仁親王吟詠的「桂」之地，位於城市西側，隔著桂川，自古是前往西國或山陰的道路口之一。舊時沒有橋，必須乘舟而來，根據記載，早在平安時代的藤原道長，便曾在此建立「別業」（別莊），是為「桂家」，在《源氏物語》中，光源氏也曾有個「桂殿」。

從平安以降，至當時已歷五、六百年的武士之世，身為歌人的智仁親王，萌生了思古之情，意欲尋得古代的桂殿故地。儘管起心動念，但土地畢竟在武家手上轉移，當智仁親王確定取得下桂村這塊土地、並重新整理荒蕪時，已是一六一五年，也就是家康發起冬夏兩次戰役，正式滅亡豐臣家、真正進入太平之世那一年。所以，以這個事件及建築做為時代的「斷點」，我認為是合適的。

自那時起，開始了親王心目中賞月之地的居所與庭園之整建，然而這工程卻因其逝世而延宕十多年，直到八条宮家的二代智忠親王的手中，才繼承父志完成，最後一項工程為「新御殿」，原預定接待後水尾

上皇來訪，但就在完工前智忠親王又猝逝，由養子穩仁親王實現了迎接上皇的儀式（一六六三年）。距當初吟詠月色已過五十年餘，可以說，是歷經三代才完成的壯舉。

這座建築與園林，就此靜靜「躺」在桂川旁，歷經了漫長的江戶時代以及其後的亂世，彷彿「帝力於我何有哉」，傳承到明治時代之後由於八条宮家香火斷絕，被納入宮內廳管轄，從此有了新的名字——「桂離宮」。

到了昭和時代的一九三三年，德國的建築學家布魯諾・陶特（Bruno Taut）受雇來到日本，有機會參觀了桂離宮，大為驚豔，將其介紹給世界，奉為日本庭園建築之最高傑作，並留下「光是看都會流淚」之極高讚譽。

陶特來訪的整整九十年後，也是後水尾帝蒞臨的三百六十年後的某天上午，我開著車，順著導航從京都市區來到桂離宮。若非自駕，也可搭乘阪急電車到「桂」驛，步行大約十多分鐘前往。行前已經在官網上預約好導覽時段，有日語和英語可選，我擔心太多專有名詞，同時也好奇有哪些旅客會來，便選了英語的梯次，由於擔心錯過，還特地提早近半小時抵達。

許多人可能覺得，自己不是建築學科或相關行業，看得懂建築嗎？但其實，所謂好的建築，是一般人身在其中，就能自然體會的。桂離宮，便是這麼一座庭園。跟著導覽人員行走在其中，幾乎每個角落、每處轉折，都是驚喜。它不像鹿苑寺的

金閣、或西本願寺的唐門那般，以顯而易見的華麗取勝，相反地，整座桂離宮是非常素雅的格局，彷彿是穿越時空的現代建築，展現秩序、線條與極簡之美；這或許也正是令陶特以及後世的建築家們，之所以必須親臨此地並大加讚賞的特質。

當時在私人臉書上分享一張庭園的相片，簡短寫道：「終於是，桂離宮。」朋友知道我來此，分享經驗說自己參觀時總是落在隊伍最後，被每一個團隨行的宮內廳工作人員「監視」著，我也完全可以體會；正如那次行程，就是一對來自美國的夫婦和我，總是在最後依依不捨，不想錯過任何一個取景的角度。

參觀完這座建築園林，帶著胸中的無限飽滿離去；彷彿也感受到建造當時，一股新的秩序，一個新的時代，即將在京都展開。

一六一四年→一八六八年

治世亂世

——江戶時代——

一、承平之曙

一六一四年

高瀨川

喜歡京都的原因可以列舉許多，但其中無法忽略的一點，便是在繁華的鬧區中，隨處可遇見的水道風情。

已經想不起來初次與高瀨川的「邂逅」，但我記得第一眼就喜歡上它。對於大多數旅客來說，從祇園四条來往花見小路到八坂神社，途中便會經過先斗町通、木屋町通，尤其是水道邊的木屋町通兩旁，滿滿的餐廳、夜店、居酒屋、小酒吧；也少不了在路上拉客的男男女女。

有次帶團，還在街角的俱樂部，遇見由於開門的人晚到，而在樓梯上坐成一排的酒店小姐，拍照時甚至大方地揮手，逗樂一眾異男；從那時起，就和這段夜街結

下不解之緣，甚至認為是京都夜生活的最佳寫照。尤其在幕末時期，這一代又是志士們夜間出沒的場域，留下許多相關史跡，我在《工頭堅的龍馬之旅》寫到土佐藩邸，便位於此川邊，亦做過簡單考據。

說是水道，其實幾乎是一條淺淺的大水溝，但卻維持得清澈。路過幾次之後才知道，它的名字叫做高瀨川，春季，此處也是賞櫻名所之一；可惜我至今尚未能親眼一睹川畔櫻花滿開的景致，如此便又給了自己再訪的理由。

說到高瀨川，就不能不提到角倉了以。他是跨越了豐臣與德川統治時期的商人，角倉家與茶屋家、後藤家並稱「京之三長者」，是町眾最富裕的三家豪商；角倉家的財富主要來自與安南國（現今越南）的貿易，我曾在越南中部的會安古城見過「日本橋」（來遠橋），便是當時日本人航行到當地，經商與居住的證明。

由於前述在秀吉晚年，方廣寺要重建大佛殿，建材需透過船運北上，原本都行駛鴨川，後來角倉投

入私人財產開鑿運河，由「太閤的城下町」伏見，往北經鴨川通到京都的中心區域，歷經父子兩代才完工（一六一〇至一六一四年）的這條水道，便是高瀨川。

行駛於運河上的船隻被稱為「高瀨舟」，是為了因應低水位[1]而採用的平底船，用人力拖曳，效率較佳。遠方貨物集中到大阪，再換中型船十石舟經淀川上行，到了伏見再換平底小船高瀨舟，將物產送進京都的中心，同理，京之製品亦可反向輸出。

為何會選擇高瀨川做為江戶時代的「開場」？在每一個時代的轉折點，我都這樣問自己。

或許是由於在心理上，想擺脫數百年來的爭鬥與紛亂吧！儘管自己毫無疑問是個歷史愛好者，但一直邊走邊讀著紛亂且勾心鬥角的亂世，也是會心累的（苦笑）；尤其當我腦海中以超過千年的跨度，一幕幕搬演著各個時代的畫面，代表江戶時代的場景，有許多都發生在此地周邊。若是影片的小片頭，此處便該從坐在川邊的畫面拉起，字幕浮現，推進到京都歷史旅行的末段……

1　但我猜想以前的川水應該略深，不像現在已失去航運功能。

一六三四年
二条城

人真是不能隨便發心。尤其在京都走讀史跡的樂與苦，時常是相伴相隨的；處處充滿發現的樂趣自是毋需多言，但歷史事件與資料多到消化不完，卻也常令我忍不住抱頭煩惱。

在進入承平的江戶時代前，仍有一處史跡無法略過，便是二条城。

那次從平安京創生館出來，沿著丸太町通，想要步行前往神泉苑；循著導航走入巷道，路過小小的二条公園。公園本身並無可看之處，但入口的說明牌，又再度引起我的注意，上面寫著「沉睡在二条公園的遺跡：平安宮跡、京都所司代跡」。

原來，公園所在之處，正是昔日管理京都治安的機構「京都所司代」下屋敷的一角；續往前行，便來到二条城的外壕（護城河），路旁也有說明牌，畫出當年平安京的冷泉苑、神泉苑與二条城的相對位置；這座城，其實便重疊在古時內裏的部分遺跡上。

自己很久沒有進入二条城了。再度路過，又回憶起來，德川家在京都的統治，可說是「始於二条城，終於二条城」。

江戶時代，一般是從德川家康被任命為征夷大將軍，並在遙遠東國的江戶建立幕府為起始，時為一六〇三年。[2] 家康是在伏見城受旨，但一個月後，二条城竣工，他便遷入城內，從此做為將軍在京都的住所，威嚇並鎮守了許多年。

原本這個位置周邊，自足利將軍家的後期，便有過「二条御所」；織田信長擁立足利義昭上洛時，也曾留下他親自擔任「普請總奉行」、監工將軍之住所重建，給京都町民留下好印象之美談；秀吉時代，曾暫居於「二条第」或妙顯寺城，都在現今二条城東側。此地可說是和戰國三英傑都有過淵源。

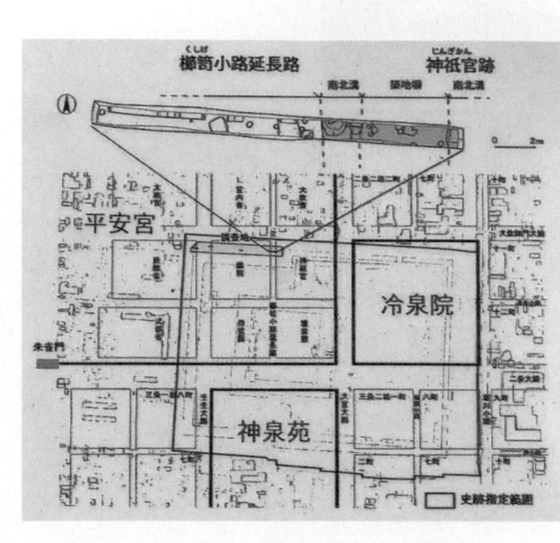

下　說明牌圖中紅框為二条城位置

江戶幕府初期，西國局勢尚未完全底定，因而德川前三代將軍都曾入住此城；非常知名的豐臣秀頼與德川家康之「二条城會見」（一六一一年），毫無疑問也是在此處的二之丸御殿。

等到諸大名歸順江戶幕府，天下平定後，又曾發生後水尾天皇違反法度、擅自授予僧侶上人之「紫衣事件」（一六二七年），為了處理相關紛爭，三代將軍德川家

光於一六三四年再度入駐二条城；自此之後的歷代將軍，未再來過京都，直到幕末時期，十四代將軍德川家茂應朝廷請求，間隔兩百三十年之久方又「上洛」（一八六三年）。至於末代將軍德川慶喜在二条城宣布「大政奉還」（一八六七年），將權力歸還給明治天皇，則標誌著德川家統治的結束……

如今的二条城，已是世界文化遺產。城名前面還加上「元離宮」，是因將軍退位後便將此城獻給皇室，成為二条離宮；皇室後來也東遷到江戶（東京），在昭和年間將此城賜給了京都市。因而，儘管京都御所仍由宮內廳管轄，但二条城做為城市的古蹟，便可申請成為世界遺產，也算一點小知識。

就在將軍未踏的兩百多年間，飽經戰火的京都，終於也獲得了喘息與發展的機會。

2　從另一種觀點，或許要等到「大阪之陣」後，淀君與秀賴雙雙自害，才算天下底定。

二、花街風情

一六四一年 島原

說到江戶時代的太平之世，若要舉出一個印象就好，我很自然地想到「花街」。

既然好不容易得以休養生息，町眾消費文化開始蓬勃發展，「花街」也就取代了城池，成為新的時代象徵：與高瀨川和木屋町通平行的先斗町，便是京之「五花街」之一，再加上一個「島原」，是獨立於五花街外的區域。

五花街，指的是祇園甲部、祇園東、宮川町、先斗町和上七軒；一般旅客（包括我）比較熟悉的，當然還是祇園一帶與先斗町，因而便好奇想找找其他的花街，如今呈現何種面貌。

＊＊＊

我在地圖上找到「島原大門」座標，這地方無論搭電車或巴士，下車都要步行十分鐘左右，位於街區的中心。在街區中突然出現的大門，清楚揭示了過去此地是一個獨立的國度，過了這道門，便進入花街的領域。

根據大門口的說明牌，京都的花街是在秀吉時代，為了京都的復興而特許成立，歷經數次搬遷，於一六四一年定址此處，正式名稱為「西新屋敷」，據稱搬遷時曾引起騷亂，時人便以發生於九州的島原之亂（一六三七年）為喻，沒想到就成了此地通稱。

相較於其他仍營業中或轉為餐飲店林立的花街，島原基本上是完全的「史跡」，卻也保留了可能最接近江戶時代的面影。代表建築「輪違屋」，是當時作為藝伎與太夫們居所兼營業場所的置屋，這一大棟建築非常完整，建築質感既高，又能展現置屋的配置與遺構，被京都市指定為文化財。

不遠的「角屋」更是作為美術館與資料中心使

下　五花街以及島原所在區域

用，但若非組團預約前來，一個人看是有點寂寥。轉角口還立著「長州藩志士久坂玄瑞密議之角屋」，說的應是幕末的禁門之變（一八六四年）相關歷史。其實不只久坂，幕末許多在京都活動的雙方劍客，都曾來過角屋，包括新選組的初代局長芹澤鴨，被暗殺當晚正是來角屋參與盛會。

在島原街區，仍有經營中的旅館與料亭，名為「湯之宿 松榮」，在京都眾多旅宿中並不起眼，但仍令人好奇是哪些人還會來下榻。由於幾乎沒有遊客，反而是可以細細欣賞建築細節的去處。

隨手翻閱梅棹忠夫《民族學家的京都導覽》一書，有這麼一段話：

> 千幸萬幸，京都從德川時代就養出了一票出眾的藝妓。大家便讓這些藝妓去跳舞吸引客人。……（中略）為什麼把錢打上十個結的京都人會在藝妓這件事上特別

大方？那是因為德川時代，京都有很多有錢的大老爺，而這些大老爺們身懷鉅款卻又苦於海外貿易被禁，國內也沒什麼引人垂涎的投資，於是大家只好把錢花在女人身上。

最後他還評論道，「究其原因所在，那是因為他們受挫了。」

雖然未經仔細查證，但作為京都大學名譽教授的梅棹先生既然這麼說，無疑提供了一個藝伎文化之所以興盛的可能性。時至今日，如果要以花街的想像來到島原，或許會有些失落；但做為史跡踏查的意義，來過此地，才能理解與其後的新選組之地緣關係。

離開前，在小小的島原住吉神社旁，又見到一株三百年大銀杏，年年盛放凋落，有多少文人與志士，曾踩在金黃的落葉上，又有多少牽掛的女子，在此為他們祈禱？

一六七〇年 祇園新橋（辰巳神社、巽橋）

一七〇一年 一力亭[3]

二〇二三年，串流影音平台Netflix上映了一部改編自漫畫、由是枝裕和編導的戲劇《舞伎家的料理人》（舞妓さんちのまかないさん），敘述兩名來自北國的少女，因在京都修學旅行時遇見路上的舞伎[4]，心生嚮往而來到京都修業的故事。非常唯美，非常喜愛。

儘管有人批評，說編導只呈現了美好的一面，而忽略了舞伎行業的陰暗面，但在這麼一個百花齊放的媒體時代，每個創作者都可以選取他想呈現的面向，觀眾則應該自行尋找、補足其他角度的觀點，至少我自己是如此認為。

重點是，劇中不斷出現的一個重要場景，是位於祇園花見小路北段、新橋通的Y字路口之辰巳神社以及巽橋。也令我驚覺，此前無論帶團或自遊，都只流連在觀光客齊聚的四条通以南，淺嘗即止，卻不知祇園真正的核心，乃在北段。因而看完

劇後，刻意安排一晚住在附近，好趁夜晚可以流連。

夜晚漫步於新舊建築之間，許多暗無燈光的角落與小巷，竟令我想起威尼斯；若與觀光客爭相拍照的花見小路，或木屋町通的小酒吧（スナック，sunakku）相較，原來這區才是真正的「營業場所」啊！不禁為自己過去的天真搖頭苦笑。

根據路旁的說明牌，此地是祇園的發祥地，寬文十年（一六七〇年）於祇園社領中先開闢弁財天町等外六町，正德二年（一七一二年）又開闢元吉町、末吉町等內六町。供奉辰巳大明神的祇園新橋一帶，直到明治時期極為繁華。說明中尤引人注意的是，據聞

3 以赤穗事件發生年份標示之。

4 本段文字既有舞「妓」亦有舞「伎」的寫法，事實上是忠於原文照錄。劇集播出時便曾在網上引起討論，後經考證大致獲得共識：日文寫成「舞妓」是因不同時代而有男女伎者之細分；至於現代中文，便以不分性別的「舞伎」為準。我個人贊成用「伎」。至於英文將實習的舞子稱為 Maiko，正式出道的藝伎則為 Geisha 或 Geiko，或許是更清楚的分別。

居住於神社原址的家族將白蛇視為宅地神而供奉之，該家族搬離後，祇園的廚師們也仍以雞蛋供奉著白蛇；戰後，隨著巽橋的修建，於原地創建了辰巳神社以鎮守之。文中特別解釋道：「古時人們將白蛇當做辯才天女（弁財天女）的使者，從此轉化為演藝職能神和弁財天女信仰，因而不僅是餐飲從業者，還深得祇園的舞伎和藝伎們的信仰……」嗯，白蛇，聽起來不由得就有種淒美的聯想。

若是日間，面對著辰巳神社左側，沿著河道的小路，便是白川筋，亦是「祇園白川」名稱之由來。儘管只是短短的一條路，春天卻有櫻花盛放，路的盡頭便是鴨川，另有一小小的弁財天神社。

總覺得現今世人對京都的想像，小橋流水、舞伎置屋、旅館酒肆、神社歌碑，就濃縮在這麼一個小小的街區（甚至還有一座幕末時期「薩土討幕之密約紀念碑」）。也難怪導演是枝裕和的影像中，要不斷重複出現這些地標象徵了。

＊＊＊

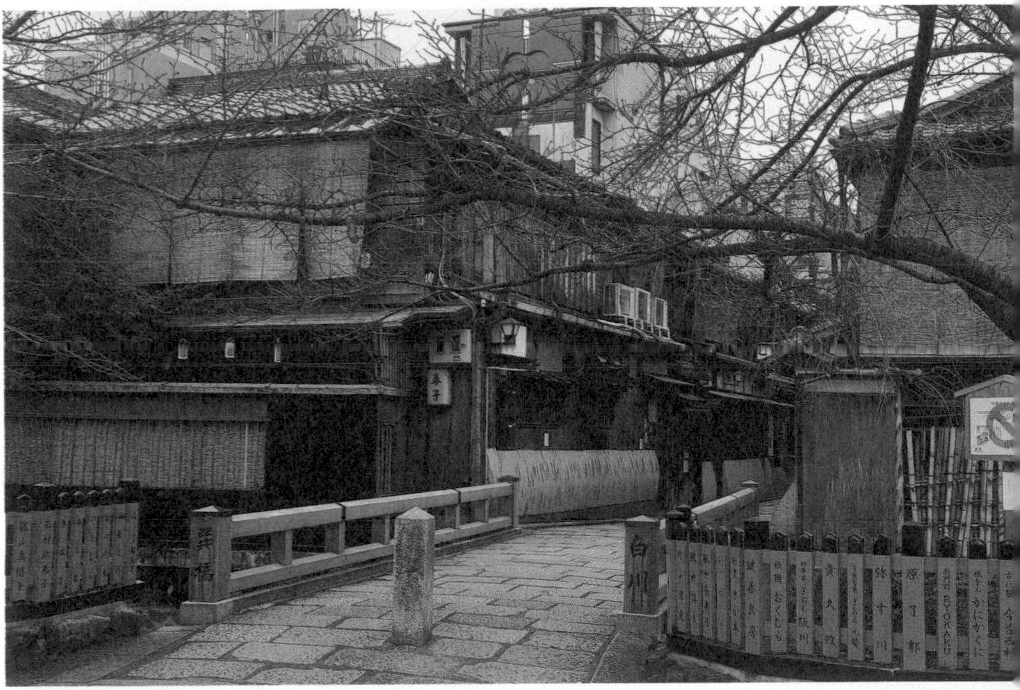
巽橋
白川
祇園 おくむら
弥す川
原了郭
RYOKAKU

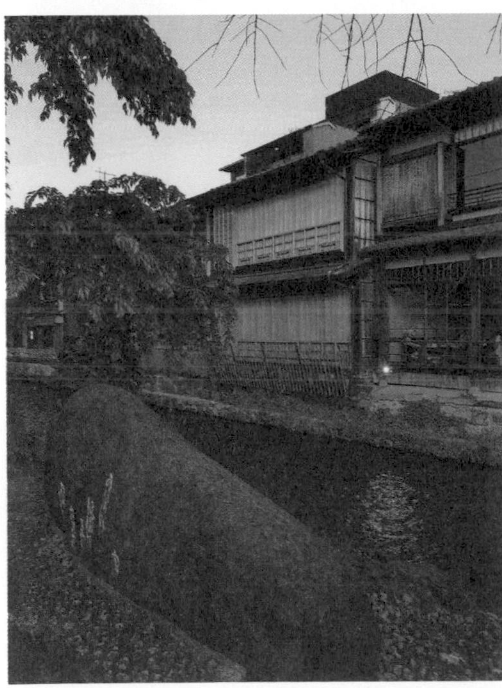

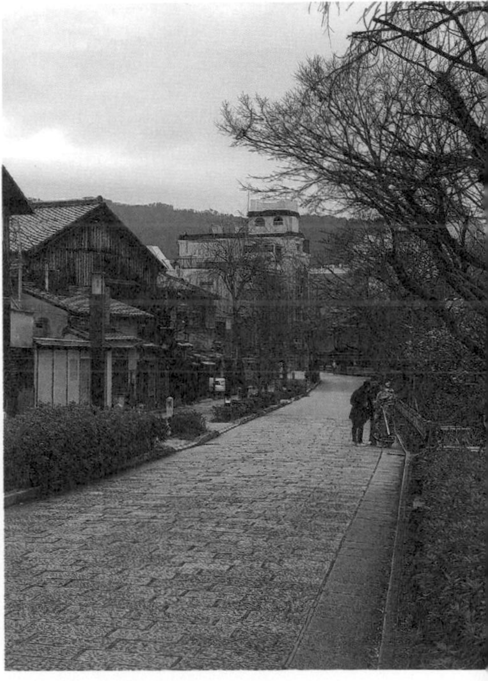

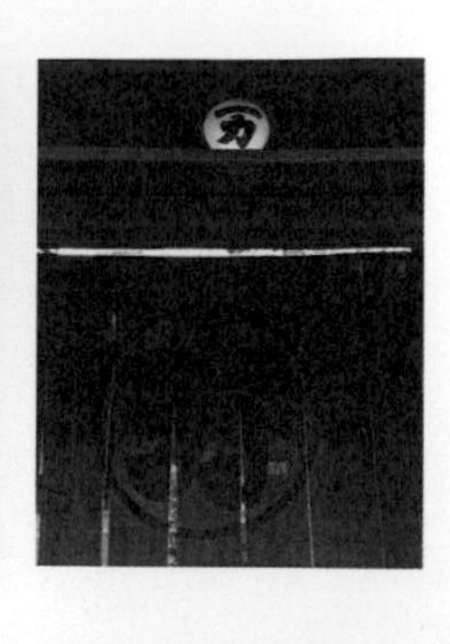

回到四条通與花見小路的路口，南側進入「祇園甲部」的領域，可以稱得上是全世界旅客眼中，最具京都風情的一處街道吧。從清水寺一路延伸下來，由位於山麓的佛門清淨之地，經過漫長優美的坂道，出了八坂神社，來到風情的花街，頗有回到人間的感受。

或許有許多人曾注意到，街角一棟占地廣大的料亭，門口豬肝色的暖簾寫著「一力」，但由於直書二字相連，也有人誤讀為日式漢字的「万」。這便是知名的茶屋「一力亭」。在號稱太平的江戶時代，若要舉出一項轟動全日本的事件，或許就是發生在五代將軍德川綱吉、元祿年間的「赤穗事件」（一七〇一至一七〇三年）吧。誓為主君報仇的大石良雄（內藏助），曾以流連花街為掩人耳目的方式，當時便曾出入一力亭。由於被寫入知名的《忠臣藏》劇中，也令我們得以知道，一力亭至少有三百二十年以上的歷史，絕對是花街歷史之見證。

多年前路過門口，一位大哥站在門前，我拍下了他的身影。他的笑容溫和但眼神嚴厲，感覺便是老店「仕用人」之氣質。當時的花見小路，還有點田園情調，隨著後期各國觀光客蜂擁而至，追逐拉扯舞伎的亂象頻仍，這般親切對望還願意被拍攝的時刻，只怕早已不再吧。

三、幕末戰雲

一八二八年 賴山陽書齋（山紫水明處）

儘管總說江戶時代是太平盛世，但其間仍不乏地震與火山噴發等天災、以及各地零星的農民與宗教起義；而對於最畏懼「火」的京都，也曾發生史上最大規模的天明大火（一七八八年），據稱當時市街近八成受到燬損。然而總算是非「戰」之罪，整體來說，這段時期的京都相對還是呈現百花齊放的盛世，直到幕末的命運時刻……

就讓我稍微快轉，進入到幕末時期的黎明吧。

相較於禪宗或禪學自鎌倉初期便開始風行，儒教或儒學正式導入日本的時間意外地並不長。是在秀吉發動入侵朝鮮的戰爭、所謂「文祿慶長之役」（一五九二至一五九八年）中，儒學才由遭俘虜的李氏朝鮮官僚姜沆教導、傳授予禪僧藤原惺窩，而後藤原的弟子林羅山入仕德川家，儒學方被採用為幕府的統治原理。明末的朱之瑜（舜水）應德川光圀邀請前往講學而建立的「水戶學」，相信也為許多歷史愛好者所熟悉。

德川幕府之所以推崇儒學亦與時局變化有關：前面提過，「禪學之所以在日本普及，主要原因是最符合武士生存方式的哲學」，而當天下底定，統治者自不樂見這樣的思想繼續被奉為主流。

在此特別提到儒學與日本的淵源，是為了引介下一位登場的人物。

從京阪電車的神宮丸太町驛，午後漫步，走過跨越鴨川的丸太町橋，此處是在二条以北，約與御苑南側平行。過橋後下到河岸，這裡有整理得非常好的「鴨川遊步道」以及鴨川公園，沿河岸往北延伸，越過鴨川三角洲，直到上賀茂橋。

日本乃至世界上許多城市，包括我居住的雙北（台北與新北）都不乏河岸公園，但走在這段，卻真心地羨慕起京都的居民。畢竟，並不是每段河岸，都能如此親近市街，也不是每段河岸，都有許多歷史典故。巴黎的塞納河、羅馬的台伯河、上海的蘇州河，都是我熟悉且曾漫步過的，然而，就是缺乏了鴨川的閒情。

丸太町橋左近有一塊牌子，寫道此處原是木橋，東眺熊野之森，西側近鄰三本

木之遊廓，往來人眾，旅宿與料理屋亦多；而此處岸邊，更是觀賞「東山三十六峰」最佳之處。我站在河岸，回頭往街區看去，在現代的平房之中，有一間特別古樸的小宅，茅葺黑瓦，藏身在厚厚的綠葉圍籬之後，心想，就是它了吧。地圖上標示著「賴山陽書齋　山紫水明處」。

出身於大阪的賴山陽，是江戶時代末期的儒學者、思想家、歷史學者。家學淵源，也曾至廣島、江戶、九州等地遊學，並以三年時間寫成《日本外史》，闡述個人理念。後來到京都開私塾講學，一八二八年，將它的書齋命名為「山紫水明處」。

雖然不確定是否山陽先生獨創，但從此，「山紫水明」就成為對京都風光的最佳禮讚。林屋先生在著作開篇就曾引用、幾部在京都拍攝的電影也曾寫入台詞中，甚至有時在「花燈路」時節，都會用燈光將郊山妝點為紫色。其實這麼做反而嫌多了，因為京都的東山和比叡山，若凝神細看，或許是水氣與光線的折射之故，還真有股紫氣東來之勢。

可惜，由於對岸建築蓋起來，如今站在此處，已無法一覽東山景致；或許要到鄰近的高樓或飯店，才有機會得見。我離開河岸，試著繞到書齋入口，路過充滿閒情的喫茶店 Inon，繞進東三本木通這條小巷，終於見到正門，立著「賴山陽山紫水明處」石碑，門框上還有「賴山陽舊跡保存會」木牌，可惜無法入內參觀。

或許有人覺得如此很寂寥，但我走出巷弄、來到河原町，意外發現頗有名氣的台灣雜貨店與食堂「微風台南」便在此處，倘若不是為了尋訪書齋，還真不會有這般偶遇呢。

山陽先生五十一歲時，健康急速惡化而咳血亡故；據說到最後一刻，都還執筆寫著《日本政記》中有關南北朝歷史的篇章。他被歸葬在長樂寺，法名就叫「山紫水明居士」，長樂寺就在後來的圓山公園後方東側，難怪我有次走到寧寧之道與公園交界處，偶然見到一株楓樹下，立著「賴山陽先生之墓碑」。

他終究未能見到，自身著作對日後尊王攘夷志士之影響；恐怕也未曾想到，他的三男賴三樹三郎，在不久後到來的「激動之幕末」，枉死於幕府發起的安政大獄中。

一八六二年 金戒光明寺

從京都御所南緣，沿著丸太町通開車往東，再折往北，接春日北通，約莫幾分鐘的車程，我來到今戒光明寺；如果步行，大約需要半小時。之所以特別強調所需時間，是由於這座寺院的位置，使得它和幕末史產生了命運的連結。

由於自己寫過《工頭堅的龍馬之旅》，對於江戶幕府末期之局勢有著較多了解。這個改變日本國運的「幕末」時期，是從一八五三年、也就是賴山陽過世之後二十年許，史稱「黑船來航」的事件為起始。但，黑船叩關的地點是在江戶外海的浦賀沖，當時國政也都是德川幕府主理，那麼，幕末的風雲，究竟是在什麼時候，從東方悄悄襲來，降臨到早已不問政事、承平許久的京都呢？

回頭爬梳自己關於幕末的筆記、年表以及書稿，真正令京都的居民與町眾感受到「時代似乎要變了」的關鍵年份，應該是要到一八六二年。自關原前哨的伏見城

之戰（一六〇〇年）後，超過兩百六十年，京都，終於再度短暫地成為日本的時代舞台之中心。

那年，薩摩藩「國父」島津久光，從鹿兒島率領超過千名藩兵，浩浩蕩蕩前往京都，打破了江戶幕府建立以來、兩百多年未曾有外部大名「上洛」的行為，更何況他還不是真的大名，而只是藩主的父親。我無意在此詳述其動機與細節，只能說他自認因應時勢，意圖覲見當時在位的孝明天皇，試圖取得影響幕府施政的權力。

此舉激勵了當時受到思想家們影響或鼓動的「志士」們，紛紛從各地聚集到京都，意欲參與可能改變時代的行動，其中甚至有許多如同坂本龍馬般「脫藩」而來的浪士。許多脫藩浪士群聚到京都，喊出「天誅」口號，透過越來越激烈的手段，想實現「尊王攘夷」的目標；就幕府方的立場，面對越來越多的浪士，如果不派遣一支軍隊入駐，是無法遏止他們在京都繼續

圖謀各種反抗活動的。

於是，一八六二年，一位二十八歲的青年大名，率領著家臣與護衛來到了金戒光明寺，他就是被幕府指派為「京都守護職」的會津藩主松平容保。

從停車場走向山門，緩步走著一路上坡的階梯，在京都市內，如同這般莊嚴氣象的門面，實不多見。以往只從文字上閱讀歷史，總不太明白，為何「會津本陣」要設在金戒光明寺；直到去過現場，才知道這座淨土宗的七大本山之一，在當時已有近七百年歷史的寺院，得益於德川家康本身是淨土宗徒，因此在江戶時代獲得較大的擴建與維護，其中知恩院和金戒光明寺甚至都已「城郭化」，且位於御苑東側不遠處山腰，易守難攻。

松平容保特別受到孝明天皇的喜愛與重視，並親自賜予「御衣」，榮保視為無上的光榮，但不知他可曾想到，鎌倉時代的戰神源義經因私自拜領天皇的敕封，功高震主的悲劇？

或許也沒時間想那麼多，因為成為天皇妹婿的德川家茂，決定要親自前往京都拜見孝明天皇，這將是從德川家光以來睽違兩百多年的「將軍上洛」。為了護衛將軍、以壯聲勢，同時也為了對抗浪士，幕府方也決定破格從民間召募劍士同行……

一八六三年 壬生寺

有很長一段時期，由於欣賞坂本龍馬之緣故，自己的心態或狀態，始終是屬於「倒幕志士」這一派；這麼說起來有點難為情，但確實是帶入角色甚深。在倒幕派的敘事中，追捕並暗殺志士的幕府鷹犬，諸如新選組或見迴組等，當然就是反派，因而有關新選組的史跡，基本是不去的。

但走完龍馬的生平史跡，並將它們寫出來之後，心裡就放下了。沒想到這一放下，便多出了數不盡的各時代景點想去，當然，也解除了對新選組的「隔離」。

提到新選組，在京都有兩個地方，似乎是不能不去的。一處是他們因重創長州志士，一戰成名的三条池田屋，現已成為主題居酒屋；另一處，當然就是最初的屯駐地——壬生寺。新選組被稱為「壬生狼」，便是得名於此。

壬生寺位於阪急四条大宮驛附近[5]，步行十分鐘以內可抵達。我從巷道走來，遠遠就見到路旁賣酒的店家，門口立著藍色的「誠　新選組」旗幟，便知道找對地方了。

到這附近之後，才發現有點複雜。此處並非單純壬生寺一個史跡，而或許可說是新選組史跡群，包括「新選組屯所　舊前川邸」、「新選組之墓所　光緣寺」、「新選組發祥之地　八木家」、壬生寺（壬生塚），以及做為接待處兼門面的「御菓子所　鶴屋」。

參觀流程，是先到鶴屋繳付拜觀料，附抹茶與屯所餅。湊到人數後便可以進入八木家住宅，聽老爺爺以日語講解。儘管我未必全聽得懂，但基於對新選組歷史的基本認識，也能理解內容，只可惜不能拍照。

一八六三年，一位現今山形縣的庄內藩出身的有識之士清河八郎[6]，透過與幕府親近的友人上書，獲得允許成立「浪士組」保衛將軍上洛，慕名而來的各

5 附近有家「Village 京都」飯店，多年前曾入住，和洋融合的房間配置，意外地非常適合睡眠，做為前往嵐山旅遊的據點，也非常合適。

6 據說他儀表堂堂，且辯才無礙，不僅與當時許多有見解的人物交往，並同樣學習「北辰一刀流」的劍術，還開設了自己的私塾「清河塾」。

藩浪士多達兩百多人，浩浩蕩蕩前往京都。沒想到抵達京都之時，清河向眾人公開喊話，說自己真正目的不是來守護將軍，而是尊王攘夷，頓時群情譁然，浪士組陷入分裂；有一群和他分道揚鑣，他們的命運將與松平容保連結，並且以「新選組」之名，做為盡忠幕府的象徵，在幕末京都大顯身手。

壬生寺，便是這群浪士最早在京都的屯所，也是訓練之場地。主要幹部就住在近鄰的壬生鄉士長老八木家；新選組成立初期，也就是於此處斬殺原任局長芹澤鴨。隨著組織擴大，需要更多幹部住宅以及辦事處，便說服鄰居前川家也提供住宿；諸多與該組有關的事蹟，包括山南敬助切腹等等，均在前川家發生。

聽完解說，吃了屯所餅配抹茶，走到隔壁，才是真正的壬生寺表門。入內還有一處阿彌陀堂，也做為歷史資料室使用，中庭有壬生塚，以及土方歲三胸像，需付費入內參觀。類似這樣的處所，我其實不敢待太久，雖說都懷抱著敬意，但總覺得還是有股肅殺之氣；參觀之後還是到本堂好好祭拜了地藏菩薩。

以前只知道壬生寺與新選組有關，造訪後才發現寺內的千體佛塔造型獨特，寺本身歷史悠久，甚至可上溯到白河帝時代，有鎮守京都鬼門的作用。

當初做為幕府方的「別動隊」（特別行動隊）存在的新選組，儘管雙手沾滿血腥，但仍有不少人，認為他們是在價值混亂之幕末的武士精神代表：以至誠效忠幕府，即使不合時宜，亦堅持到最後；因而擁有不少粉絲，也並非不能理解。除了志士觀點的幕末，還有另一個幕府觀點的歷史——這也是我在長年旅行與閱讀的過程中深刻體會的：必須要以多元角度來觀看，才算完整。

新選組成立之後四年多期間，經歷了取締長州藩士一戰成名的池田屋事件、再度將戰火引進京都的禁門（蛤御門）之變等，組員身影活躍；然而以其武藝之精、盡忠之誠，仍無法阻擋時代之大勢。如果說維新前殞命的志士，有其壯志未酬的遺憾，戰到最後的新選組，也確實不負其「精忠」之名了。

一八六八年

鳥羽伏見之戰勃發地

一八六九年

即宗院薩摩藩東征戰亡之碑

幕末歷史結尾的高潮，無疑是「鳥羽伏見之戰」：將軍慶喜雖已宣布大政奉還，然因居中斡旋的龍馬被暗殺，薩摩的代表西鄉隆盛、大久保利通，聯合公卿岩倉具視，磨刀霍霍向幕府，步步進逼；慶喜在幕府方勸戰情緒高昂之下，無奈只得宣布由大阪城向京都進軍，原本在京內的幕府方勢力，如會津藩兵，包括新選組、見迴組等，皆南下至伏見奉行所集結，雙方態勢緊繃，一觸即發……

這個故事儘管聽過、說過很多次，甚至在各種影劇諸如《神劍闖江湖（浪客劍心）》中也看過各種演繹，然而，在真正理解整個京都史之前，僅知戰場位於洛南一帶，正確位置卻未曾確認。過往做為城下町的伏見，特別是現今京阪電鐵中書島驛周邊，寺田屋、月桂冠、黃櫻酒造一帶，街區看來都算完整，似乎並非戰場所在。

而鳥羽這個地名，也直到我後來閱讀並見到有關鳥羽離宮的記載與模型，才知道原是指靠近鴨川與桂川河流處的「大Y」東岸的區域，那個戰場的樣貌也就在腦中清晰起來。這也就是為何，我始終主張並鼓勵喜愛歷史的人們，不應只是透過文字、影像或遊戲來理解，而是要親臨現場，才能真實感受當時的情境。

一八六八年元月，幕府方的軍隊，與薩摩、長州、土佐等藩為主組成的倒幕勢力，在鳥羽正式開戰。開戰的當下，相信雙方都不知道結局會是如何；現在我們當然都已知道，這場戰役，將成為延續一年半的幕末最後決戰—也就是戊辰戰爭（一八六八至一八六九年）之開端，也是日本由江戶幕府到明治維新，由中古的封建體制、演變成為近代國家，最關鍵的一刻。

而這個時刻，畢竟仍是發生在京都。

光是這樣的代表性，在某些國家，就算為它建一座高大的紀念碑，似乎也不為過；然而，如今此地卻異常低調。儘管在近鄰一帶，有好幾處「戰跡」石碑，但我被地圖上標示著的「鳥羽伏見之戰勃發地」的標記所吸引，在開車前往參觀桂離宮之前，來到此地一探究竟。循著導航，來到與城南宮道交叉的一處河堤斜坡，竟正好有個小停車場；下車幾步之內、巷口的引道旁，我尋得了這塊石碑，低調地立在路邊。[7]

今日的地貌或許與當時已有不同。根據記載，幕府方的桑名藩軍、與負責守衛此地的薩摩兵，在小枝橋頭談判，雙方一言不合，終於由薩摩方開了歷史性的第一槍，開啟戊辰戰爭的序幕。在引道上方，仍可眺望跨越鴨川的小枝橋，如今已是一座四線道的水泥橋。

我張望片刻，頗感失落，似乎覺得缺少了一點歷史的重量感，隨即又失笑於自己的一廂情願，類似這種內戰的過往，或許淡化處理，未嘗不是好事。

根據網上找到的該地圖相片，幕府軍原是兵分二路，沿著淀川與宇治川，分別往鳥羽和伏見北上，因而在兩地各別都發生激戰，這也是戰役名稱的由來。

如此一來，我腦中的幕末歷史地圖，繼走遍了坂本龍馬相關史跡之後，又更清晰了一些。

＊＊＊

當然，如果並非重度歷史迷，並不一定要大老遠跑到此地，在京都市區，亦有戊辰戰爭相關史跡——非常意外地，就在東福寺。

還記得我先前寫道，東福寺曾是織田信長上洛時的前線陣地之所在嗎？就在同一次「紅葉狩」的行程中，意外注意到境內的即宗院，門前的木牌上寫著「篤姬、西鄉隆盛公緣」，所謂「緣」，便是與其有緣分或典故之意。簡單地說，東福寺境內的即宗院，古代亦曾是藤原家山莊之一的月輪殿，後來成為薩摩島津家在京都的菩提寺。因而篤姬前往江戶途中亦曾在此停留，而西鄉隆盛與月照大師密議之處亦在此，與幕末史頗有淵源。

我很容易被這樣的牌子吸引，於是又花了些時間，沿著指示爬上後山的小徑，沒想到比預期遠，邊走又邊叨念自己，幸好沒有旅伴同行；但終於見到了這塊寬大的「薩摩藩東征戰亡之碑」，頓時又覺得無比值得。戊辰戰爭結束後，為了紀念戰役中犧牲的薩

7　後來才知，原來除了橋頭的說明牌與石碑，另外在鳥羽離宮跡公園內，立有另一座稍大的石碑，以文字和地圖詳述戰役的細節，但我覺得來到橋頭更有意義，便無遺憾。

摩將士，做為指揮官的西鄉，回到此滯留半年，齋戒沐浴、監督紀念碑的完工，並由薩摩儒官今藤惟宏撰稿，西鄉隆盛親筆書寫碑文，於明治二年（一八六九年）建立。

而且還不只此處，當我要離開東福寺、沿路步行而下，經過退耕庵，又見門口立著「戊辰役殉難士菩提所」，原來是當初駐守東福寺陣地的長州藩士慰靈之處。

若從現今的衛星圖來看，便一目瞭然：當軍隊欲從鴨川東岸的鳥羽街道北上、進入京都時，東福寺所在的水晶山餘脈特別突出、擠壓河岸空間，成為一處居高臨下的天險。我終於理解，為何從織田到西鄉，都要將陣地置於此處的原因。

＊＊＊

走讀至此，從十五世紀下半的應仁之亂，不，或許應該從平清盛與源義朝擁立後白河帝的保元之亂（一一五六年）算起，長達七百多年，這座京城在亂世與治世

三、幕末戰雲　一八六九　即宗院　薩摩藩東征戰亡之碑

中交迭的歲月，終於真正畫上了句號。此後，儘管日本仍將歷經二十世紀更多、更大的戰禍，但嚴格說來均已和京都無關。

就在它即將失去都城地位的同時，卻也迎來了真正和平與發展的時代。

根據自己依循歷史軸線旅行的經驗，無論是人物如龍馬的生平，又或是城市如京都的歲月，當走到一個段落的尾聲，總是有種胸口飽滿的感動。我們發明不出時光機器，無法真正回到歷史發生的時刻；然而花一點時間，走訪這些史跡，卻彷如親歷現場，圓滿了昔日閱讀時的無限想像。

一八七五年→二〇二〇年

世界遺產

——從明治到現代——

一、文明開化

一八七五年

同志社英學校（同志社大學）

最初幾次來到此城，我也和大多數人一樣，活動區域大多在清水寺到河原町的東南角；鮮少有機會，跨到京都御苑北側來。因而，當某次搭公車，經過同志社大學的今出川校舍群，竟也感到無比興奮，「原來這裡就是同志社啊！」

畢竟在我模糊的印象中，也知道這所學校是比「京大」（京都大學）歷史更悠久的西式學院，堪稱文明開化的象徵。日後探訪廬山寺、法成寺跡，以及室町時代的花之御所以及相國寺的旅程中，在這附近頻繁走動，與無數學生擦身而過，甚至一起排隊等食堂，歐式的建築群，彷如是京都市內的歐美學院校區，自己也感覺沾染了學術氣質（笑）。

在《京都》書中，林屋先生最後以整整一章的篇幅，讚頌了這座「學問與藝術的都市」。不難看出，身為大正時代出生的歷史學者，對於自己能夠在京都完成學業並講學，是多麼幸福的一件事。

明治二年（一八六九），天皇「巡幸」江戶並從此定居江戶城。[1]飽受戰亂摧殘的京都就被留在身後，也從此遠離了政治的核心，但，這或許可以說是它的幸運。

自此之後，京都的町眾（如今已稱「市民」）以及歷任京都府知事與京都市長，便以教育和文化做為這個都市發展的兩大目標，光是在明治二年就由町眾自發創建了六十四所「番組小學校」，接著又陸續創設許多學校的前身，例如京都大學、醫科大學、藝術

1　以我的理解，日本並沒有嚴格意義的首都，而是以天皇居住的地方做為京城，所以把江戶改稱「東京」，成為實質上的首都，而江戶城便成了今日所稱的皇居。

大學、女子大學等等，都是首開全日本風氣之先。

其中，同志社英學校，即同志社大學的前身，由偷渡留學美國的基督徒新島襄返國後，於明治八年（一八七五）於寺町成立，剛開始只有兩名老師、八名學生；隔年搬遷到舊薩摩藩邸所在的今出川，也就是現今校地所在；這段故事也曾在大河劇《八重之櫻》中被拍出來。甚至近年以吹奏樂部來台灣表演，獲得大家喜愛的橘高校，它的前身「京都手藝女學校」也都有超過一百一十年的歷史。

如此蓬勃的求學風氣，或許才是培養現代京都人氣質的真正背後原因；關於這些早期學校的發展史，近年還特別成立了「京都市學校歷史博物館」來展示。

＊＊＊

除了「勤學」，還有「勸業」，也就是促進工商業的發展。早在幕末時期，江戶幕府與薩摩藩、佐賀藩等，就已派人去觀摩、參加在巴黎舉辦的萬國博覽會，大開眼界之餘也學到許多知識與經驗，因此在明治四年（一八七一）就舉辦了「京都博覽會」，除了是日本最初的博覽會之外，距離巴黎的萬博更只有僅僅四年時間！

這場博覽會在如今已被列為國寶的西本願寺書房舉行，雖然規模不算太大，但形式有模有樣，在京都、大阪、神戶、橫濱等十四個城市張貼了廣告牌，展出的內容有兵器、古錢幣、古陶器，清國古錢幣、字畫，還有來自歐洲的火車模型、手槍等。雖然有人笑稱「這幾乎是一個古董展」，但一個月的展期中，還是吸引了超過一萬人因為好奇來參觀。

博覽會可以說是日本人開眼界、了解本國與西洋知識的方式，甚至還成立了「京都博覽會社」來繼續承辦。

正由於如此紮實的文化與學術基礎，京都的經濟開始進入工業化時期，紡織、製造和酒造等產業蓬勃發展，進一步促進了城市經濟的增長。此外，還有許

多著名的手工藝品產業，如陶器、木材和漆器等。

對於這些傳統產業的多樣與分散，我曾經感到十分困擾，不知如何才能有全面的理解。後來才發現，岡崎公園旁的勸業館地下室有一座「京都傳統產業博物館」，而我有幸在某次參訪行程中，聆聽年長但充滿熱情的館長，一一解說這些傳統工藝與產業的由來，更完全能感受他的驕傲。雖然常聽人說京都人眼高於頂，可是看到這些傳承數百年的職人精神，不得不承認，他們是完全有資格感到自豪。

對於喜愛博物館或展覽館的人來說，這是一座來幾次都覺得不夠的城市。

一八八五年 琵琶湖疏水｜一八九〇年 水路閣｜一九七二年 哲學之道

許多人到南禪寺拍攝紅葉，總不會忘記那知名的背景——紅磚建造的水路閣。

我初次在那裡取景時，便幸運地拍到在水路閣前撐著紅傘的和服女子，亦是當年印象深刻的畫面。視覺上已頗有歲月的煉瓦（紅磚）橋墩，與木造的法堂等建築相映成趣，造就兩種不同的景致，也難怪人們覺得「好拍」。

南禪寺、水路閣，似乎早已成為同一景點的名詞，不知有多少遊人意識到，它們其實是屬於不同時代的建物？

我從岡崎公園與平安神宮之間的冷泉通，一路往西，刻意步行朝著鴨川方向走去。過一座小橋的路口，有條路名「疎水濱通」，標示著橋下路旁這條筆直的水道，便是名列日本遺產的「琵琶湖疏水」。正如前述，漢字可能寫成「疏」或「疎」，或

如同官網譯為「琵琶湖引水道」，指的都是同一個建設。

沿路前行不久，遇見「得長壽院跡」石碑，原來是平清盛之父忠盛獻給鳥羽帝、為後來三十三間堂之前身的宏偉建築；八百多年後，僅餘水道旁的一方石碑，若非有情，路過也不會注意吧。再前行不遠，過熊野橋，又遇見「白河南殿跡」石碑，可對應前述白河帝時代，在此區域曾進行的大規模營造；然而我來此，已不再是為了這些遙遠往事。

儘管京都自古以來便山清水秀、山紫水明，然而進入文明開化期，光是靠秀、明的鴨川之水，顯然已不敷工業與民生之需求。比起在上游大興土木、建造水庫，破壞「四神相應」之千年風水，放眼近鄰，卻有取之不盡的淡水資源，那便是琵琶湖。

維新後的京都府知事（等同於縣長），除了首任由原本的公卿擔任，自第二任槇村正直之後連續數

任，幾乎都是出身自幕末志士或藩士。我心中不免要想：你們這些當年（可能）對京都治安造成騷亂的志士們，現在是贖罪或補償來了吧？這當然是玩笑。事實上，前幾任知事，為京都的近代化貢獻良多。出身但馬國（現在的兵庫縣）第三任知事北垣國道[2]，便是琵琶湖疏水的啟動者。

閱讀相關資料時才知道，其實早在開闢高瀨川的角倉父子時代，便有過從琵琶湖引水進京的構想，但隨著江戶時代權力核心東移，計畫便被擱置。一八八一年，有一位來自江戶幕臣家族的年輕人，名為田邊朔郎，以「琵琶湖疏水計畫工事」為畢業論文，甚至獲得英國土木學會的大獎。

經過推薦，北垣知事喜獲人才，田邊畢業馬上被延攬到京都，得以有實現其論文的機會，這位總工程師當年才二十三歲。工程的細節就不說太多，計畫由一八八五年（明治十八年）動工，歷時五年完成「第一疏水」。南禪寺境內的水路閣，便是往北的疏水分線一部分，全長九十三米，高約九米，從此成為南禪寺境內的獨特風景。

2 年輕時也曾是個熱血漢子，曾跟隨平野國臣等「攘夷派」在家鄉舉兵，敗逃後受長州等藩庇護。戊辰戰爭時再度投身官軍，維新後一步一腳印，累積了諸多地方官的經歷。

話雖如此，當年要在南禪寺境內動土，想必也是受到不少反對的壓力吧。據記載，田邊的設計原是要在境內的塔頭南禪院處挖掘隧道，會穿過在南禪寺出家的龜山帝之墓所[3]；驚動先帝乃是大不敬，只好改採水道橋的設計。

水道橋的概念並非近代才有，早在古羅馬帝國時代，為了取得乾淨水源，便已在帝國疆域各地建造。我在義大利、法國，甚至北非的突尼西亞都曾造訪過，南法的嘉德水道橋，更是知名的世界遺產。然而能在遙遠的東亞海外之島國上，再度「遇見」水道橋，不禁有種文明腳步的亙古傳承感懷。

目前在滋賀縣大津的進水口，以及疏水沿線，都還保留許多處史跡；經過水路閣與地下水道進入京都的岡崎白川通旁，亦設有琵琶湖疏水紀念館，我尚未參觀，怕自己光是寫疏水，又一頭栽進去（笑）。

3 其實龜山陵是位於嵯峨天龍寺旁，此處應是分骨所。

倒是在行過白河南殿跡後，水道豁然開闊，形成一座方形池塘，是為「夷川船溜」，等同於小型的港泊；我見對面有座紅磚建築，便是疏水事務所，以及後世建造的水力發電廠。

一座銅像靜靜地立在水道旁，那便是當年的知事北垣國道，琵琶湖疏水道之父，正二位、男爵；至於年輕的工程師田邊朔郎，日後成為工學博士，一路當到土木學會長，獲頒從三位、勳一等。這些功勳，象徵著這項工程對於京都之近代化，有多麼巨大的意義。

遙想了一會，我繼續前行，直走到疏水道注入鴨川處，有座川端公園，以及以工程師為名的田邊小橋。放學的小學生，正好從橋上走過。對面的鴨川左岸，少了三条先斗町一帶的喧囂，呈現著相對寧靜的公務員宿舍氛圍。曾見地圖，正是木戶孝允舊邸「孝允館」所在。

琵琶湖疏水的話題，本應在此告一段落，但有件事似乎不能不提：有一條疏水分線，由南禪寺往北、穿過禪林寺永觀堂，在我走過的冷泉通東端、若王子神社前冒出，成為一條岸邊鋪著石板小路的水道。明治時期，沿途住了不少文人學者，一度被稱為「文人之道」；京都大學的哲學家、京都學派的創始者西田幾多郎等人，時常沿著步道行走、沉思，當時被稱為「哲學小徑」。

數十年後的一九七二年，經過整修與當地居民之提議，正式命名為「哲學之道」。

某個二月微雨之午前，在前往銀閣慈照寺的路上，我刻意提前下車，走了一段頗有詩意（或溼意）的石板路。不知每年來此捕捉櫻花美景，或思索生涯去從的人們可曾知曉：若無琵琶湖疏水，便無哲學之道？

在石板路上往東走去，清楚可見正前方的山上，有一處無樹木的區域，那便是每年八月十六日盂蘭盆節結束前「五山送火」的「大」字所在，又被稱為大文字山，實名為如意嶽。小說與動畫《有頂天家族》中，老天狗赤玉先生被尊稱為「如意嶽藥師坊」，想必這正是他壯年時活躍的領域。京都啊京都，處處都有作品可以對照。

一八九〇年 京都威斯汀都飯店

再度踏進京都威斯汀都飯店（The Westin Miyako Kyoto）的大廳，一股熟悉懷念的感受充滿胸膛，啊，竟然已經相隔十多年了。它的氣派與古典，即使在飯店如雲的京都，依然具有無可取代的尊榮感。

近幾年，京都的旅遊業由於成長迅速，過多的旅客幾乎成為「觀光公害」，嚴重影響市民的生活；即使中間經過大疫的停滯期，但開放之後，幾乎立刻又回升到滿載的狀態。

但其實，京都的觀光產業並非現代才蓬勃發展，而是早在明治時期就開始了。

有一回我擔任某個貴賓團的隨團解說員，隨著團體下榻在東山近郊的京都威斯汀都飯店，從命名爲「都」，就可以感受到它的不凡；官網上開門見山地寫道：「一八九〇年創業以來，迎接無數貴賓，提供所有貴賓高水準的服務與傳統。」

那一年，京都的油商西村仁兵衛，為了迎接回京參加琵琶湖疏水開通儀式的明

治天皇，在華頂山麓開設名為「吉水園」的遊園地；十年後的一九〇〇年，又在園內創辦了西式形制的「都飯店」(Miyako Hotel)，毫無疑問，這個「都」字承襲了古代對此城的稱呼。從那時起，它便成為「京都之西式飯店」的代名詞，並做為某種形式的迎賓館之存在。

大致可以想像，它等同於圓山大飯店之於台北的意義。我走到館內二樓的咖啡館，尋得當初見過的名人牆，牆上無數的相片，記錄著曾下榻在此的各國名人與政要：從大正時期的文豪志賀直哉、科學巨擘愛因斯坦、滿洲國皇帝愛新覺羅溥儀，二戰後的艾森豪將軍，到共和國時期的鄧小平，以及往昔大英國協最後餘暉般的黛安娜王妃等等，都曾在此留下他們的身影。

連樂於當個「門外漢」的舒國治，都曾寫道它最值得參觀：

可先參觀大廳，素雅卻又精緻，台灣沒有一個飯店大廳有此氣質。另一值得細看的，是和風別館佳水園[4]，成於一九六〇年，乃一幢幢建於山坡林間的和式獨幢茶庵式木屋（所謂「數寄屋」）。由此上山，飯店特別開發一條步道，稱「野鳥の森・探鳥路」。

如今的這座飯店，已屬於近鐵集團委由專業團隊經營。進進出出的賓客，或許較少以步行的方式下山，但若和我一樣漫步欣賞新舊融合的飯店建築，或也會在路旁發現雋刻在巨石上的「ミヤコ　ホテル」名稱，正是最初這座飯店開業當時，留下的時代印記。儘管現今京都旅宿品牌多如繁花，它仍是不變的品味與尊榮之象徵。

4　最初名為吉水園，疑因與廣島景點同名，故現改名為佳水園，日語發音同。

二、古都新風

一八九五年 平安神宮

「終於回到平安神宮了。」心底有個聲音默默說道。

馬路中央的紅色大鳥居，是平安神宮的地標，依稀記得少年時第一次來便曾造訪，對於明顯與其他寺院不同配色的建築，仍留下印象。過去以為日本傳統建築，都像大多寺院一般原木的禪風，但其實，在平安時代，原是這般紅白配色的大唐風格。

平安神宮畢竟有它的特殊意義。一言以敝之，它是為了彰顯這座城市做為國都的時期——亦即從桓武帝遷都、直到明治帝東巡，共計一千零七十四年的歲月——而建造的紀念建築。祭祀的雖然是最初以此為都的初代桓武天皇，以及最後一任在此度過完整在位時期的孝明天皇，但實際上，或許也供奉著這座城市的精神本身。

平安神宮是明治二十八年（一八九五）才新建的，並非如同人們最初印象，是從平安時代留存至今的建築，即使如此，也已有一百多年歷史了。

當時正值舉辦「第四回內國勸業博覽會」，前三回都是在東京的上野公園舉辦，第四回則在京都當地有力人士的運作下，也為了紀念平安遷都一千一百年，選在京都的岡崎舉辦。這是一場全國性的博覽會，共展出近十七萬件各種產品，四個月的展期中，湧進了一百多萬人次參觀。同時為了配合博覽會，還開通了全日本第一條路面電車「京都電氣鐵道」，而且為了水力發電與灌溉而開鑿的琵琶湖疏水第一期工程也已完工。

會場中採八分之五的比例，重現平安京的原始風貌，其中最特別的是應天門及大極殿，是平安都城大內裏朝堂院的重現。正殿後面的神苑，則是日本明治、昭和年間的著名園藝師——第七代小川治兵衛，花費二十年精心打造的池泉迴遊式庭園，也被指定為日本國家名勝。細心的人可能也會注意到，它的建築風格和後來的日本建築有點不同，比較接近大唐的風格，例如屋頂上的「吻獸」為鴟尾（しび，Sibi），傳說是一種能滅火的海中神獸，也有防火的意義；而庭園中的右近之橘、

左近之櫻，也都遵循了古代皇宮的形制。

博覽會結束後被保存下來，擴建成為平安神宮，會場基地也被指定為岡崎公園。周邊陸續建起動物園、美術館、劇場、武道中心以及最新的勸業館等等，成為現代京都市東北角的一塊藝文專區，同時也是京都的傳統與創新並存的最佳展示。

第二次造訪時正逢「桓武天皇千二百年大祭」，有一款限定特別紀念品，上面的圖案就是「玄武、青龍、朱雀、白虎」，當時一見，不禁感覺，「原來傳說不只是傳說！」它依然存在於京都這座城市裡。同時，平安神宮的朱印帳上面，也有這「四神相應」的圖案，依舊守護著京都。

平安神宮的完成，也催生了京都三大祭之一的「時代祭」。據說原本只是單純的祭拜，第二年開始將桓武與孝明二位天皇，以「鳳輦」出巡的形式，從位於京都御所建禮門的行在所，走到平安神宮的路線，沿途觀看這座城市之發展與繁榮。鳳輦，便是天皇乘坐的轎或車，因頂上有鳳凰的飾物而得名。日後慢慢演變為，以各個時代的代表人物，陪同巡行，成為今日時代祭的形式。

忽然想到自己正在整理的這些文字，豈非也是一種時代巡行的儀式？或許，正如《工頭堅的龍馬之旅》成書之時，專程到京都在龍馬墓前奉上，他日有機會，也該將本書獻上給時代祭吧。

大極殿

一九〇六年 舊日本銀行京都分行↓一九八八年 京都文化博物館

我在 Nol Kyoto Sanjo 這家旅宿，度過了非常完美的一夜。

這棟位於三条堺町旁的町家，原是創業超過兩百年的酒造「金鵄正宗」之販售所，本身就稱得上是歷史建築。經過改造與新建，保留了町屋的正面，並在其後增建客房樓，房內有檜木浴桶以及簡單的造景，難以想像在市區能有如此的閒情。更重要的是，一樓大廳還提供五款日本酒「放題」的服務，我一個人坐在大廳，邊喝邊傻笑，十分愜意。

至此，我們在京都，已見過古老的神社、大師的寺院、武將的史跡、戰火的倖存。但如果要問，有哪個區域，最能夠代表明治時代以降，京都的文明風貌，或是自己最喜愛的街道？

答案毫無疑問會是三条通。

或許很少人真正是為了這個目的地而來，但若是沿著鬧區逛街至此，很少不被三条所吸引，除了幾家知名的代表性傳統旅館（京都御三家：俵屋、柊家、炭屋）集中在附近，或許更是為了它留存下來的、明治時期的紅磚建築。我非常喜愛的京都文化博物館，便位於三条通，距離前述的旅宿，僅僅兩分鐘的步行距離。

台灣來的旅客，看到這座博物館的外觀，可能會倍感親切並有種熟悉感吧。

博物館的建築本身也是一棟古蹟，即舊日本銀行京都分行，是明治時期非常具代表性的西洋式建築；建築師長野宇平治，正是台灣總督府的原始設計者，那就是現在的總統府。長野師從於明治時期的第一代建築師辰野金吾，要說「辰野式」風格幾乎打造了日本明治時代的面貌，亦不為過。同樣的風格延續到當時在台灣的建設，各縣市留下許多宏偉的古蹟建築。

博物館二樓和三樓的總合展示室，分成三個主題，分別是：「京的歷史」、「京的祭典」、「京的至寶與文化」。特別是二樓的歷史展示，展區以時代劃分，從平安、武家、幕府到明治等時代，透過模型和影像，走一圈，彷彿也就走過整個京都的歷史。印象中，多年前來此，館內展示更多元豐富，但目前似乎分散到平安京創生館，以及其他的展覽場域，但對於住在三条通周邊的旅客，仍不失為非常好的入門。

更不用說，創立於昭和時代的 Inoda Coffee 本店也在幾步之遙：這家打著「Good Morning From Kyoto」口號的老店，平常早餐時間坐滿當地熟客，而我竟然幸運地直接進入，擁有一個座位。在三条，體會到一種「理想化的大稻埕生活」之嚮往。

一九二六年 京都中央電話局大樓→新風館 二〇〇一年

如果說三条通一帶，是體會明治時代紅磚建築的氛圍，那麼，到了又有哪些建築或品牌，能夠代表昭和時代的京都呢？

在烏丸御池有一棟地標性的建築，就是一九二六年（大正十五年／昭和元年）完工的中央電話局大樓，後來成為京都市指定登記文物第一號，是由近代建築家吉田鐵郎[5]所設計。

這座建築曾於二〇〇一年由英國建築師理查・羅傑斯（Richard Rogers）在原有建築架構下，改成商業設施「新風館」重新開幕；到了二〇一六年又閉館再整修，

5 他的另一知名作品，則是位於東京驛左近的東京中央郵（便）局，亦即知名的 Kitte 購物商場。

如此頻繁的更新，展現其意欲做為現代京都代表性地標的渴望。新計畫由日本建築家隈研吾主導，目標是「要令歷史建築以及原本的街道（包括京都僅有的兩條地鐵交匯處的烏丸御池驛）融合，營造出更具有魅力的街區；新建築中還將包括飯店、電影院、商店等設施」。

近年堪稱世紀大疫的新冠肺炎來襲，仿佛「世界停止轉動」，我也被迫停下四處飛行的腳步，轉型成為影片製作者的期間，蒐集著有關京都新景點的資訊時便被這座建築所吸引；值得一提的是做為新計畫核心的「Ace Hotel」，這家旅宿品牌是在美國創業，充滿著濃厚的表演藝術氣息；京都則是亞洲的第一家，於疫情期間悄悄開幕，也成為我在影片中介紹的新景點之一。

當疫情終於緩和，國際航線重開的時候，睽違四年回到京都，便到處探訪這些曾經報導過的場域；來到新風館時，忍不住四處發出讚嘆的呼聲。我始終非常佩服日本在保留昔日建築、賦予當代風貌上的品味與成果，更是瞬間理解了「新風」這二字的意義。

初次來訪，便在飯店附屬的 Stumptown Coffee Roasters 坐下來啜飲咖啡、欣賞建築；秋季再訪時，更因從事設計媒體的朋友下榻此處，得以相約飯店酒吧，暢聊京都近年的改變。我們都同意，這裡毫無疑問將成為時尚男女「必住」的旅宿之一。

一九三〇年 丸福樓

一九三三年 大禮紀念京都美術館 → 二〇二〇年 京都市京瓷美術館

如果要問，邁入二十世紀的京都，百花齊放的產業場景以及代表建築中，還有什麼是一定想要寫出來的品牌故事？我會說，是任天堂與京瓷。

我在河原町五条下車，刻意沿著木屋町通一路往南漫步，這一段是相對較少旅客來到的區域，介於高瀨川與鴨川之間，沿路總會發現一些風格的小店和旅宿，但我無意多做停留，因為目的地是正面通的丸福樓。

或許很多人已經知道，有一位山內房治郎，於一八八九年在京都的鍵屋町，成立了生產花札紙牌的小公司，得以發家致富；很長期間維持著原本的經營方式，直到太平洋戰爭結束後，成立丸福株式會社，最後又將公司名字定為「任天堂」。是

了，世界的任天堂，Nintendo，正是一家不折不扣的京都企業。一九三〇年，在此地建設了住宅、辦公室和倉庫的社屋，當然隨著會社的發展，早已將廠房遷到宇治，而原本的總部以及山內家族的住所，為了紀念創業歷史，便命名為「丸福屋」。

近年他們邀請了世界級建築師安藤忠雄設計監修，將這座建築改造成為擁有十八間客房的「丸福樓」飯店，於二〇二二年開業。丸福樓的客房分別坐落在原始大樓（既存棟）與新建大樓（新築棟），想體驗懷舊氣氛的旅客，必須選擇「既存棟」；而安藤忠雄規畫設計的標準客房則幾乎都位於新建大樓，大師擅長的極簡風格搭配原木家具，同樣能享受舒適的住宿體驗。

實際來訪，會發現丸福樓是一間隱身於住宅街區的氣派樓房，石砌的牆面上掛著當時的花牌會社「製造元 山內任天堂」銅牌，由於非住宿者不能入內，我只能發揮「門外漢」的精神，努力探頭從門口張望，

不放棄任何一個建築細節，並暗自握拳許願「等我長大，一定要來住一次」（笑）。或許可以這麼說：它保留了昭和時期京都富商的生活品味，為那個高速發展的時代，留下了見證。

＊＊＊

另一棟同時代的建築，則是位於舉辦過「內國勸業博覽會」的平安神宮與岡崎公園旁，創立於一九三三年的大禮紀念京都美術館；它是繼當時的東京府美術館之後，日本第二、也是現存最古老的公立美術館。在開館八十週年之際，進行全館關閉整修，由於整修美術館費用龐大，為減輕財政負擔，市政府引進冠名贊助的模式，由「京瓷」贊助五十億日圓的整修費用，並取得五十年的冠名權，因此改名為京都市京瓷美術館，已於二〇二〇年重新開幕。

「京瓷」的讀音即是 Kyosera，sera 是セラミッ

ク（ceramic）的日文簡稱，相信許多人曾在日本的陶瓷刀具、或電器用品上看過這個品牌。其創辦人是廣受景仰、被稱為「經營之聖」的稻盛和夫，他雖在鹿兒島出生並完成學業，卻是來到京都創業，將這座城市歷史悠久的陶瓷工藝，應用到高科技以及民生用品的領域，創造了舉世聞名的另一個京都奇蹟。

這次整修採用了建築師青木淳和西澤徹夫的提案，更由青木淳擔任館長，監督主導整個工程。輕盈、優雅而充滿波光和流動感，是他鮮明的建築特色，京都市京瓷美術館的整修工程，也表現出一貫的作風：使用純白色調與大片玻璃，在保留原本建築物的質感下，又帶入現代明亮的氛圍。同時為了擴大美術館的使用面積，在「不破壞既有建築完整性」的前提下，改動了美術館的出入動線，在館前廣場設置地下出入口；類似這種做法最經典的案例，應該就是貝聿銘設計的巴黎羅浮宮玻璃金字塔吧。

俯瞰這座美術館，會發現它是一個「日」字的建築格局；原本被圍起來的中庭空間並未對民眾開放，在這次的整修中增建了玻璃屋頂，規畫成「光之大堂」（光の広間）；而另一側，則規畫為露天的「天之中庭」（天の中庭），可用來舉辦各式各樣的活動。同時，還在原有的建築物之外，又擴建了「東山立方」（東山キューブ），展示當代藝術、時尚、設計等主題的作品，而如果來到屋頂，還可以眺望京都東山的景致，跟美術館後方的日式庭園景觀相互輝映。

同樣的，我在疫情之後，曾二度來到這座美術館的「東山立方」，拜見二位跨世代的普普藝術大師，安迪・沃荷（Andy Warhol）以及村上隆的作品，而我也預期將會一次又一次地回到這裡，在這融合了昭和與令和的空間中，分享京都市民的幸福。

略做休息，遙想回顧。諸位隨著我一路走過不同的時代、見過許多建築，這段旅行如此之長，或也忘了前面曾提過的細節吧。現代的京都市民，之所以能夠在此區域，擁有平安神宮、岡崎公園、勸業館、傳統產業博物館、圖書館、美術館，以及動物園等，正因九百多年前，出了那位不可一世的「治天之君」白河帝，跨過鴨川東岸，在此建立龐大的「六勝寺」，包括法勝寺與八角九重塔，開闢出如此廣袤的空間。當我再次親臨此地，時代意象層層疊疊湧現腦海，不由得又在此庭園一角，暗自讚嘆。

一九四九年 料理館千鳥→二〇二〇年 嵐山祐齋亭

來過許多次嵐山，很少沿著河北岸，深入到嵐山公園的區域，沿途的一切都充滿了新鮮的視覺經驗。

時代來到二十世紀中期，撐過各種天災人禍的京都，卻險些燬於日本帝國非理性的對外擴張所導致的戰爭。許多人可能都聽過一個說法：當美軍開始進行對日本本土大規模轟炸時，某位人士建議：京都是日本的文化與精神象徵，若是遭到摧毀，可能激起誓死抵抗的反效果。

當時決策的過程，有諸多繪聲繪影的說法，但我仔細爬梳網上各種資料後，傾向於相信「某位人士」是當時美國的戰爭部長亨利・史汀生（Henry L. Stimson）[6]。無

6　有人說是因為他曾與夫人來京都度蜜月之故，然而對於各種過於浪漫或戲劇性的歷史論點，我始終抱持著小心求證的態度。

論如何，京都終究是避過了再度被戰火摧殘的命運，在自己的節奏中，緩步邁入戰後的時空。

一九四九年，當時已負盛名的作家川端康成，懷抱著國家敗戰後的複雜心情，來到了位於嵯峨嵐山一家名為「千鳥」的料理旅館，潛心寫作《山之音》；這是一棟明治時期的建築，然而它所在的位置，卻是平安時代後嵯峨天皇以及龜山上皇的離宮，可見其位置之優越，據聞更是當時京都舞伎們嚮往之名所。當我知道這個典故時，心想，果然就是要住在這種地方寫作，才能成為文豪啊。

「千鳥」的位置，便位於嵐山公園的中央，完全遠離塵世喧囂，現今則名為「祐齋亭」，是染色作家奧田祐齋的工坊兼藝廊，屬於私人空間；完全採網上預約，每節參觀時間只有三十分鐘，只招待十歲以上人士，而且系統預設了最多四人一同前往。或許正因為限量，所以才更顯得珍貴。

嵐山祐齋亭被譽為是琉璃光院和源光庵的混合體，如果對這兩個名字有概念，會知道它們是以「窗」與「庭園」的絕美景觀而聞名，由此可以想見，祐齋亭為何會成為熱門打卡點，在ＩＧ上用關鍵字就可以找到許多絕美的相片。雖然我並不是很贊成純打卡，重點應該是欣賞藝術品，但這也算是美術館一種拓展知名度的方式。

奧田祐齋老師出生於三重縣的熊野，那是充滿自然生命力的神話世界，熊野古道

也是在我自己的必訪清單中名列前茅的地點。而他在廣隆寺經過反覆考證研究，重現傳說中的天皇限定的禁色「黃櫨染」，再創造出獨特的染色技法。奧田祐齋的工坊，還曾經到歐洲展出。我知道台灣也有許多喜愛各種染布藝術的朋友，可考慮去參訪，他們也提供用餐加上染布體驗的套餐，同樣需要網上預約。

我在初次報導祐齋亭之後一年的紅葉季節結束前來到此處，從渡月橋一路沿著大堰川河岸往上遊深處走去，頗有探索與期待之興奮。儘管早已做了預約，並有心理準備將會有許多如我一般前來尋訪的旅客，仍是對排隊的人數感到驚訝。看來，這裡已成為熱門的打卡點，必須按照店家的指引與規定時間，生產線一般地依序拍照。

儘管藝術家主人精心安排的反射窗景確然迷人，但過度擁擠與侷促，多少令參觀經驗打了折扣。或許，應該再選一次非旺季的期間來，才能體會文豪川端在此的心境。

三、最後的羅城門

一九六四年

京都塔

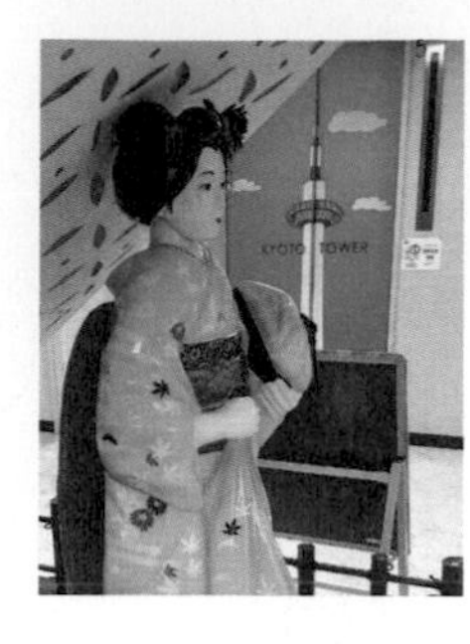

哲學家鷲田清一曾在他的著作《京都の平熱：哲學家眼中的京都小日子》中提到京都塔，大意是，這塔位於京都的入口，反對者認為像一根俗氣的巨大蠟燭，甚至有人說，只要不看見這個塔，不管車站要設計成什麼樣都行。

的確，有很長一段期間，單純從城市景觀的角度來看，我也並不喜歡這座塔；但自己畢竟不是出身京都的哲學家，沒有評論的立場（笑），卻可以理解它是一座時代的產物。

一九六〇年代，日本於戰後再度站上國際舞台，不僅舉辦了東京奧運，為了迎接海內外訪客，東京和大阪之間的新幹線也已通車，成為全球領先商業營運的高鐵，也將旅客帶來京都，那正是一九六四年。

相信地方商業人士必然要想，大阪有通天閣、東京有東京塔，京都怎麼可以沒有呢？且由於要表現與其他城市不同的氣質，不採用外露的鋼鐵架構，而是以京都傳統工藝之一的「和蠟燭」意象；但事實上這屬於都市傳說，官方說法還是「燈塔」。建築師山田守，曾設計許多郵局和電信局，被稱為「遞信建築」的先驅者，也是東京的聖橋、武道館的設計者，但卻由於京都塔而飽受批判……

近年幾次前往京都取材，一人前往，總以最省力或方便為考量，便曾入住「京都塔飯店」（京都タワーホテル），意外地頗為滿意。京都塔飯店特別適合下列條件的旅人：一、抵達京都的時間已是晚上；二、隔天早上行程以公車為主要交通工具；若是如此，光是在此先住一晚，都可迅速解除飛行的勞頓。飯店位於五至九樓，客房雖不大，但有種古典的氣質，彷彿是作家或文豪的房間；地下兩層則是稱為「京都塔參道」的美食街，就方便性來說無可挑剔。

同時它還贈送折價券，隔天可以上到京都塔參觀。儘管塔的內部感覺有點老舊，不時發出微妙的聲響，但畢竟是挺過多年颱風與地震，如此想便安心。從塔上往東山眺望，可以清楚看到清水寺建築群，以及左側的東大谷墓地；墓地前方的

靈山觀音，鎮撫著志士們的靈魂。隔著維新之道，靈山歷史館、Park Hyatt Kyoto、法觀寺八坂塔……連成一氣；前方靠鴨川旁的白色建築，則是暱稱為「KYOBI」的京都美術工藝大學東山校區。

不知道京都塔是否能一直存在，總感覺有天將會因安全或景觀原因而被拆除。做為一個喜愛京都的旅人，似乎總要上來至少一次，從最高的角度俯瞰整座城市的歷史脈絡。套句法國作家莫泊桑之評論：觀看巴黎最好的角度就在鐵塔上，因為看不到巴黎鐵塔，或許也可用在京都塔吧（笑）。

雖是題外話，但隨著京都市立藝術大學於二〇二三年秋季遷移至京都驛東側的校地，整個街區呈現全新風貌，再加上北側的電器商場與藥粧店等機能齊備，或許，又增加了下榻在京都塔周邊的魅力與理由。

KYOTO TOWER HOTEL
駅周辺案内

一九六六年 京都國際會館——一九九七年 京都驛

正如前述，我初次來到京都，是一九八一年的夏日；再次見面，已是二〇〇五年。這中間倏忽二十四年的光陰，有著許多尚不值得為人道的起伏與滄桑，而自己也從中二少年，成爲飽經風霜的前中年；迎接我的，是嶄新的京都驛。

目前這座落成於一九九七年的驛舍，已是四代目，此事印象中最早是在「都市偵探」李清志老師的《鐵道建築散步》讀到。日本的車站多是共構的百貨商場或飯店，機能多元齊備，原是不足為奇，但要在古都建造這麼一座量體龐大的科技建築，當年依然招致許多非議，但建築師原廣司力排眾議，並賦予它如同當年平安京「羅城門」的意象。

且容我節錄數段，與京都重逢那年寫在部落格上的文字：

我搭著從關空發出的「遙」(Haruka)號特快，輕輕地滑進京都驛的三十號月台。是的，是「滑」進，彷彿無聲無息地、在我還不及反應過來時，已經進了京都的懷抱。後來我才發現，用懷抱這樣一個形容詞，實在非常貼切。從以前陸陸續續聽聞、關於這座巨大車站的耳語，終於等到了真正與她見面的一刻。

慢慢從月台走向車站大樓的中央，頭緩緩地仰高，終於不禁發出輕聲讚嘆；後來帶團來到京都驛，總也喜歡聽到團員們在我身後發出的讚嘆聲。這，就是京都驛，一座令人驚豔的建築。

從地面一路拔起挑高十四層、六十米的空間，在視覺上繁複的機能性架構，卻不令人感到特別沉重；至少在有天光的下午看起來是如此。儘管有人批評它「不夠京都」，可是單就一座車站建築的功能來說，它除了十分稱職，甚至還多了幾分——事實上是許多分——人性化的精神空間。

你可以從西側的大階段(階梯)旁的電扶梯一路往上、往上、往上。一面難掩好奇地東張西望；不必害羞，因為連許多來自日本各地的旅客，都和你一般興奮、張大了眼睛和嘴巴。往上，直到屋頂花園：大空廣場。在這裡，你可以遠眺京都市區的景致，也可以坐下來學京都人悠閒一刻。廣場的一角，立著當初設計這座車站的原始理念碑文，你可以讀著那有如詩句一般的文字：

「京都，是通向歷史的門。京都驛的建築，正是要體現門與天空的概念」

「位於京都的文藝復興之都市母胎(Matrix)切片位置」

「驛舍，既是人們離合集散的舞台，也是機械時代建築之代表」

忽然領悟，京都在千年前曾有過一座巨大的羅城門，而今羅城門早已不在；可是京都驛取代了這樣的位置。而，或許正因為它採用了一種母胎的設計概念，所以令人有種被擁入懷抱的感覺。這或許正是我初抵京都時的感受吧。

就在這個下午，在大階段上，我看到一幕非常動人的風景。兩個看似高中學生的少男少女，穿著祭典的服裝，坐在大階段上，說著、笑著。他們沒有時下年輕人的喧嘩，而是一種凝結在時空中的靦腆。兩人之間，隔著一段純情的空隙，卻這麼旁若無人地在大階段上，至少坐了四十五分鐘。從空中徑路上看著少男少女微小的身影，更覺得彷彿整個大階段，不，是整座京都驛，都為他們而存在。我目視著倆人起身離去，少女落後少男

三、最後的羅城門　一九六六　京都國際會館／一九九七　京都驛

半步，沒有牽手，臉上卻洋溢著令人打從心底感覺舒服的笑容。

就在這一對璧人身上，我彷彿看到整座京城古都的風雅人文味的濃縮。

對於旅人來說，京都驛的二樓設有京都市旅遊資訊中心，在這裡可以取得各種地圖、活動訊息，甚至購買巴士或地鐵一日券；地下一樓有三省堂書店，以及各種琳瑯滿目的京都名產專賣店，甚至還可以買到驛便當。走出車站，規畫良好的巴士站，一目瞭然地，載你前往京都市區所有重要景點。

在京都中到處走著，累了，可以回到京都驛；補充糧食、資訊，在大階段上坐一會，看看書、看看人，或發呆，再重新出發。看著提著許多名產的旅人，深深體悟到，京都驛，就是這樣一個旅行開始、結束與休憩的地方。

我為它深深著迷。

自此，我每到京都，總不免再一次讚嘆這座歡迎著全世界旅人抵達的門戶，而且一次比一次更喜歡它。儘管許多人抵達時，原以為這麼一座以其歷史積累文明的城市，或應該有座更古色古香的車站，但或許這才是京都想要告訴人們的吧：「這才是真實的我。」

目前的車站被稱為「京都驛大樓」（京都駅ビル），也可在官網上查到京都驛的歷史。京都除了是古都，也是日本近代重要的鐵道城市，京都驛始建於明治十年（一八七七），至今已超過一百四十年歷史。初代目於大正時期擴建為文藝復興式的建築，而這二代目一直用到一九五〇年才因火災而消失，甚是可惜，否則應可與重修後的東京驛相互輝映。

之後從一九五〇年代到八〇年代的三代目京都驛，就是為了應急快速建設的平凡水泥建築，也算符合那段經濟發展期的印象，但似乎在氣質上與這座城市不相襯；而後一九九〇年展開國際競圖，由時任東

京大學教授的建築師原廣司的作品獲選，經過多年施工終於在一九九七年落成，就是現在的四代目京都驛。其實要在古都興建一座量體這麼大的車站，可想而知當時受到不少人反對；但原廣司以「城門」的概念為發想，等於是重新打造一座早已消失千年的「羅城門」，最終獲得了大家認可。

＊＊＊

新的京都驛，在一九九七年九月十一日落成啟用。三個月後，來自世界各地的聯合國代表抵達京都國際會館，召開「氣候變化綱要公約參加國三次會議」，提出穩定溫室氣體、生態與經濟的可持續發展等目標，做為「聯合國氣候變化綱要公約」的補充條款，被稱為「京都議定書」。

某天下午，買了地鐵一日券，心想總該盡量發揮它的價值，便來到烏丸線北端終點「國際會館」驛，當天會館似乎舉辦偶像演唱會的門票抽選活動，路上不少打扮入時的年輕女性，會館在松之崎山丘上的寶池畔，對面便是過去旅行團常住的王子大飯店。

我站在通往國際會館的空橋上，看著這棟由大谷幸夫設計、與我同年（一九六六）「出生」的建築，不禁想到，就在同一座山丘的西側，山腳下正是古老的上賀茂神

社。從古代到當代，時光與我，在這座城市緩緩走了一千三百多年。

一九九七年十二月，由聯合國代表所締結的「京都議定書」，為後代的全球環保政策做了宣告與定調；而這個影響了全世界人類生活的重要宣言，又是在這座城市發生，想來總覺得不可思議。

＊＊＊

回到京都驛，在正面出口廣場的東側，一座平安京羅城門的模型，靜靜地置放在人行道旁，烏丸口計程車招呼站的角落。不知道匆匆來去的旅客，有多少人注意到它的存在？近來每次若從車站要離開京都前，我總習慣走過來，彷彿是一種儀式般，從模型的後側，回首拍攝一張羅城門與京都驛重疊的畫面，然後向它道別。

再見，京都；剛告別，便期待下次與你再見。

後記

當 Haruka 電車抵達京都驛，已是晚間九時許。我忍不住內心的激動，脫口說了聲「ただいま」。

那是二〇二二年十一月，疫情之後首次開放國門不久，我立刻動身，帶著自己熱騰騰的新書《工頭堅的龍馬之旅》，回到睽違四年的京都。目的是要將前後花了近十年時間旅行並整理出版的成果，在龍馬忌辰那天，到靈山墓園獻上；並同時贈與京都龍馬會的理事長赤尾博章先生，感謝他在我探索的過程中，給予的鼓勵與善意。

由於始料未及的世紀大疫，中斷了已從事二十多年的旅遊業職涯，經過一段時期的摸索，我成為全職的影音自媒體創作者。所幸，年輕時原本便曾從事影片拍攝幕後工作，又有過幾次跨刀主持外景節目主持人的經驗，與其說是轉型，不如說是回到自己熟悉的領域。

我在 YouTube 上開始「工頭堅。旅行長」頻道之初，就製作了疫情期間的京都新交通、旅宿與景點主題影片，首先介紹的便是近鐵「あをによし」(AONIYOSHI) 觀光列車，根據當時蒐集的資料，あをによし是日文古語中用於修飾和歌的枕詞，後來一般譯為「青丹吉」。

青丹吉以奈良特色的「天平文化」為意象來發想設計，充分展現受到大唐帝國影響，用色華麗又大膽的特徵，外觀烤漆則採用代表高貴身分的深紫色塗裝，甚至被稱為「行走的正倉院[1]」；儘管列車的起站與終站都是大阪難波，但中間則是往返於京都和奈良，而我認為它真正的意義，是連結起兩座日本的古都——「平安京」以及「平城京」。

這款觀光列車，就這麼成為「後疫情時代」我與日本之連結象徵，甚至預示了與近畿（關西）地方更多的緣分。

＊＊＊

1 正倉院位於奈良東大寺，是用來保管寺院和政府財產的倉庫，其獨特的建築形式，保存了一千多年。收藏各式寶物，總數約達九千件之多，包括唐帝國、新羅、甚至波斯遠來的文物，也被稱為是絲綢之路的終點。

正如〈前言〉中提到，當我終於寫完前作，心中便放下了，旅行時不再以幕末的史跡為重點，整個版圖瞬間開闊起來。於是，二〇二三年我在不同季節先後到訪京都三次；同時也更深入認識「近鐵」，這家發跡於近畿的日本最大私鐵（民營鐵道）會社，並充分運用它的各款觀光列車，往來於廣域的景點之間，其中當然包括青丹吉，以及蔚藍交響曲、火之鳥等等。

其中一趟行程，我更直接住在京都驛共構的近鐵京都站「都」城市飯店，走出月台左轉搭電扶梯下樓便抵達，而我入住的八樓邊間，可以說是視野最好的房間，黃昏時刻，坐在窗邊看著京都驛的列車來去，乃至深夜，都還看著窗前景觀捨不得入睡。隔天早晨，用過簡單的自助餐，上樓又立刻抵達月台，搭乘列車由京都前往奈良，以及諸如東寺等其他景點。

近鐵的營運地區跨越二府三縣（大阪府、京都府、奈良縣、三重縣、愛知縣），旅客營業公里數達到五〇一公里，將近三百個車站，而它最初竟是以前往並串連許多寺廟、神社等「朝聖路線」起家。你可以想像，事實上還有許多造訪紀錄，由於超出京都的範圍，因而並未收錄在本書中。

＊＊＊

回想起來，這一年之旅行，真是非常愉快的經驗。由於獨自行動，且心中滿溢著「再發現」的熱情，隨身胸包中帶著電子書閱讀器與筆記本，一一尋訪並釐清歷史的脈絡，並隨處遇見過去忽略的角落；我不確定，當自己重新回到熟悉頻繁旅行的節奏時，是否還能保有這般的新鮮感，因而更顯得珍貴並值得回憶。

我是非常相信「緣」的人。緣起、緣滅，往往心中很想去的國家或城市，緣分未到，便總是與機會擦身而過。即使單以日本一國來看，每個地方與離島，都還有許多想要探訪的風土、飲食與歷史；然而，這幾年的緣，卻似乎將我和近畿／關西綁在了一起。莫不是拜了太多的神社與寺院之故？（笑）但我欣然接受。

即使走過了京都一千三百多年，感覺卻並非結束，而僅是開始。

最後，想把這本書，獻給我的父親，吳信男先生。如果不是他在我少年時期，剛開放出國觀光不久的年代，就勇敢帶著全家前往韓國與日本自助旅行，並在那趟旅途中，初次來到京都，見過鴨川、清水寺、鹿苑（金閣）寺、平安神宮、三十三間堂……，我就不會擁有那些如夢似幻、多年積累的遙遠「鄉愁」，或許就不會有這本書的誕生。謝謝爸爸，我因擁有這些對京都之記憶，而充實了一生的靈魂。

本書內容對應日本史分期表

大分期	時代	西元	本書對應章名	日本重要事件
古代	飛鳥時代	593	山城歲月	
古代	奈良時代	710	山城歲月	710年　元明天皇遷都平城京（今奈良）
古代	平安時代	794	平安奠都	794年　桓武天皇定都平安京（今京都）
古代	平安時代		洛中洛外	1086年　白河上皇開創院政 1156年　保元之亂 1159年　平治之亂 1180年　源平合戰開始
中世	鎌倉時代	1185	武士之世	1185年　平家覆滅，源賴朝開始任命各國的守護與地頭 1192年　後白河上皇逝世。源賴朝建立「鎌倉幕府」 1221年　承久之亂 1227、1281年　文永之役、弘安之役（兩次蒙古來襲） 1234年　後醍醐天皇「建武新政」
中世	南北朝時代	1336–1392	武士之世	1336年　足利尊氏擁立北朝天皇，後醍醐天皇遷都吉野，南北朝對立 1338年　足利尊氏建立「室町幕府」（足利幕府）
中世	室町時代（戰國時代）	1467	武士之世	1467年　應仁之亂開始
近世	安土桃山時代（戰國時代）	1573	太閤之夢	1573年　將軍足利義昭被放逐，織田信長掌權 1582年　本能寺之變，織田信長逝世，豐臣秀吉掌權
近世	江戶時代（戰國時代）	1603–1616	太閤之夢	1603年　德川家康建立「江戶幕府」（德川幕府）
近世	江戶時代	1616	治世亂世	1611年　豐臣秀賴與德川家康之「二条城會見」 1629年　後水尾上皇「紫衣事件」 1637年　島原之亂〈天主教徒暴動〉 1639年　正式鎖國 1853年　黑船來航 1863年　下關事件、薩英戰爭 1864年　禁門之變 1866年　薩長同盟成立 1867年　大政奉還
近現代	明治時代	1868	世界遺產	1869年　天皇定居江戶城
近現代	大正時代	1912	世界遺產	1914~1918年　第一次世界大戰
近現代	昭和時代	1926	世界遺產	1939~1945年　第二次世界大戰
近現代	平成時代	1989	世界遺產	
近現代	令和時代	2019	世界遺產	

山城歲月

平安京之前

賀茂別雷神社
（上賀茂神社）
P21

賀茂御祖神社
（下鴨神社）
P21

北山通
北大路通
白川通
今出川通
京都御苑
東大路通
鹿ヶ谷通
千本通
堀川通
丸太町通
二条通
御池通
川端通
三条通
四条通
烏丸通
河原町通
五条通
七条通
九条通
十条通
西大路通
御前通
葛野大路通

嵯峨嵐山JR
京都JR

大酒神社
P38

太秦廣隆寺
P34

松尾大社
P41

八坂神社
（祇園社）
P16

清水寺
P54

伏見稲荷大社
P46

藤森神社
P49

本書地圖
線上 Google 版

平安奠都

平安時代前期

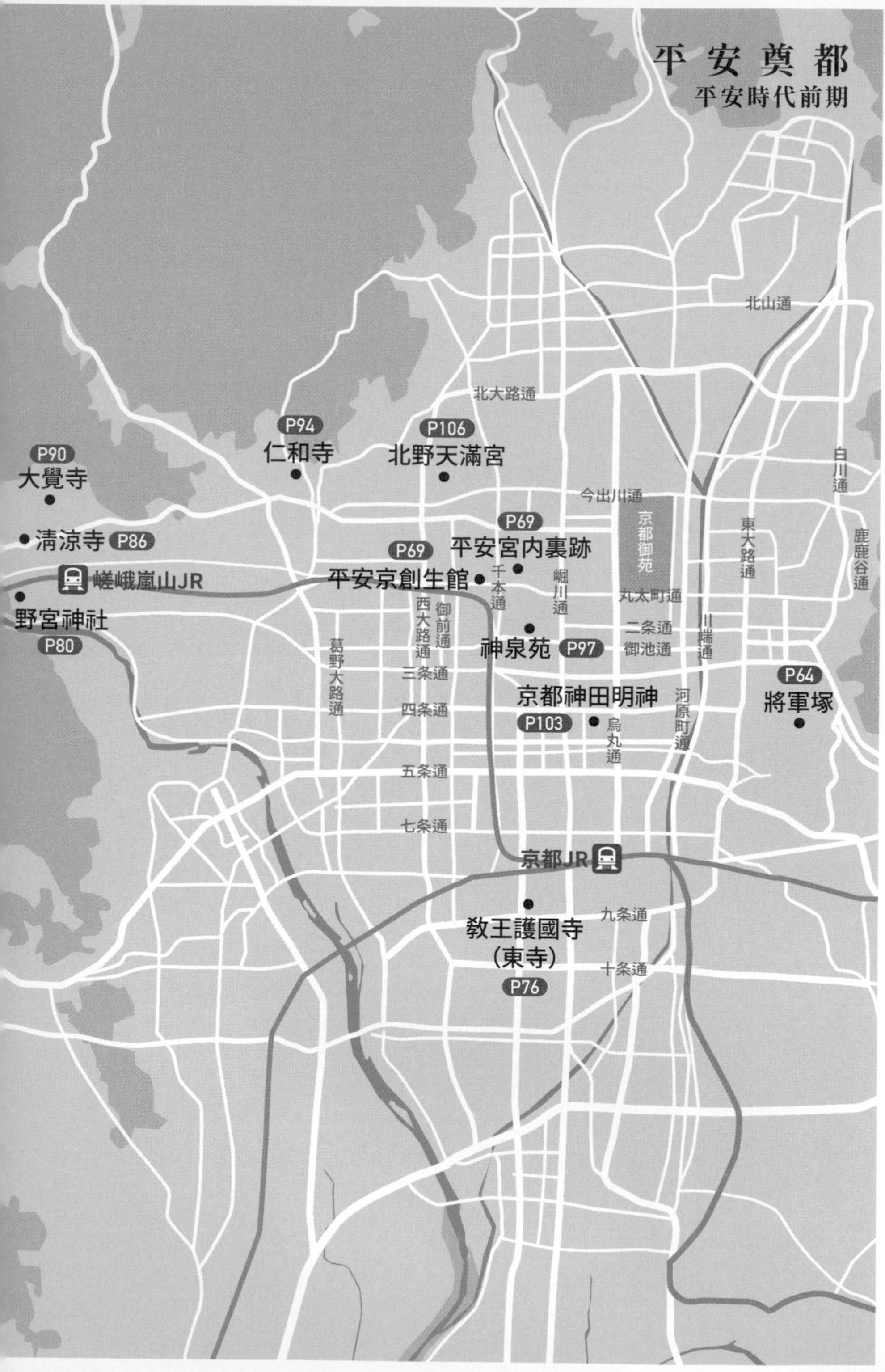

北山通
北大路通
P94 仁和寺
P106 北野天滿宮
P90 大覺寺
清涼寺 P86
嵯峨嵐山JR
野宮神社 P80
今出川通
京都御苑
P69 平安宮內裏跡
P69 平安京創生館
千本通
堀川通
丸太町通
西大路通
御前通
葛野大路通
二条通
御池通
神泉苑 P97
三条通
四条通
京都神田明神 P103
烏丸通
河原町通
川端通
東大路通
白川通
鹿鹿谷通
P64 將軍塚
五条通
七条通
京都JR
九条通
十条通
教王護國寺（東寺） P76

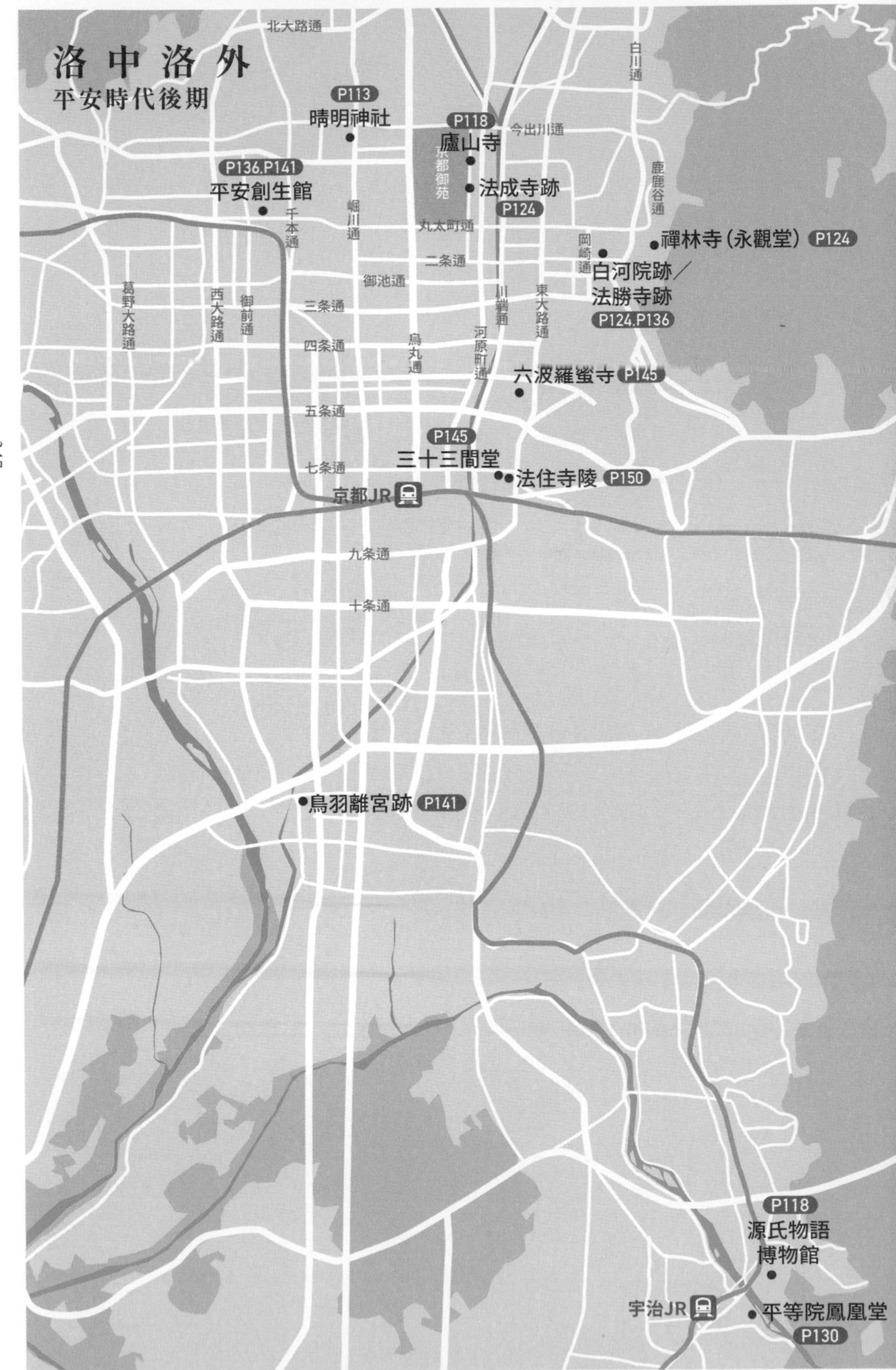

洛中洛外
平安時代後期
北大路通
白川通
P113
晴明神社
P118
廬山寺
今出川通
京都御苑
P136.P141
平安創生館
法成寺跡
P124
鹿鹿谷通
千本通
堀川通
丸太町通
禪林寺(永觀堂)
P124
岡崎通
白河院跡/
法勝寺跡
P124.P136
二条通
御池通
葛野大路通
西大路通
御前通
三条通
川端通
東大路通
四条通
烏丸通
河原町通
六波羅蜜寺
P145
五条通
P145
三十三間堂
七条通
法住寺陵
P150
京都JR
九条通
十条通
鳥羽離宮跡
P141
P118
源氏物語
博物館
宇治JR
平等院鳳凰堂
P130

武士之世
從鎌倉到室町
北山通
P189
鹿苑寺
(金閣寺)
P193
龍安寺
等持院
P178
北大路通
P197
御靈神社
(上御靈神社)
花之御所跡
石碑(大聖寺)
相國寺
P184
P184
今出川通
京都御所
P167
白川通
P200
慈照寺
(銀閣寺)
鹿鹿谷通
東大路通
川端通
丸太町通
二条通
御池通
P163
南禪寺
嵯峨嵐山JR
天龍寺
P178
千本通
堀川通
葛野大路通
西大路通
御前通
三条通
四条通
烏丸通
河原町通
頂法寺(六角堂)
P155
建仁寺
P160
P172
西芳寺
五条通
七条通
京都JR
九条通
十条通

太閤之夢
安土桃山時代
北大路通
御土居史跡
（北野天滿宮紅葉苑）
P219
今出川通
京都御苑
東大路通
千本通
崛川通
丸太町通
西大路通
御前通
二条通
P205
御池通
肚臍石
（六角堂）
川端通
葛野大路通
三条通
P214
本能寺跡
P205
祇園
四条通
烏丸通
河原町通
寧寧之道
高台寺
P235
P235
五条通
P241
西本願寺
方廣寺
豐國神社
（大佛殿跡）
P230
P230
七条通
P246
桂離宮
京都JR
P210
九条通
東福寺
十条通
P224
伏見桃山城

治世亂世
江戶時代
北大路通
白川通
今出川通
京都御苑
P269
賴山陽書齋
山紫水明處
鹿鹿谷通
金戒光明寺
P274
千本通
堀川通
丸太町通
西大路通
御前通
二条城
P257
二条通
河原町通
川端通
東大路通
御池通
葛野大路通
三条通
P264
高瀨川
P254
祇園 新橋
P278
壬生寺
四条通
烏丸通
一力亭
P264
五条通
島原大門
P260
七条通
京都JR
九条通
即宗院
薩摩藩東征戰亡之碑
P282
十条通
鳥羽伏見之戰
勃發地石碑
P282

世界遺產

從明治到現代

嵯峨嵐山JR
嵐山 祐齋亭
P323

P331
國立京都國際會館

北山通
北大路通

P290
同志社大學
今出川通
京都御苑
河原町通
川端通
東大路通
白川通

P295
哲學之道
鹿ケ谷通

P305
平安神宮
丸太町通
千本通
堀川通
西大路通
御前通
葛野大路通

P313
新風館
二条通
御池通
京都市
京瓷美術館
P316
水路閣
P295
京都威斯汀都酒店
P302

三条通
京都
文化博物館
四条通
P310

烏丸通
P316
丸福樓
五条通
P327
京都塔
七条通
羅城門復原模型
P331
京都JR
京都驛
P331
九条通
十条通

工頭堅的京都時光

從飛鳥時代到昭和地景，走讀千年古都的前世今生

作　　者｜工頭堅

副 社 長｜陳瀅如
總 編 輯｜戴偉傑
主　　編｜李佩璇
行銷企劃｜陳雅雯、張詠晶
美術設計｜蔡尚儒
內文排版｜簡至成
圖表繪製｜簡至成
印　　製｜漾格科技股份有限公司

出　　版｜木馬文化事業股份有限公司
發　　行｜遠足文化事業股份有限公司（讀書共和國出版集團）
地　　址｜231 新北市新店區民權路 108-4 號 8 樓
電　　話｜(02)2218-1417
傳　　真｜(02)2218-0727
Email｜service@bookrep.com.tw
郵撥帳號｜19588272 木馬文化事業股份有限公司
客服專線｜0800-221-029
法律顧問｜華洋法律事務所　蘇文生律師

初　　版｜2024 月 6 月
初版三刷｜2024 月 8 月
定　　價｜550 元

ISBN 9786263146808（平裝）
EISBN 9786263146839（EPUB）
9786263146846（PDF）

版權所有，侵權必究。本書若有缺頁、破損、裝訂錯誤，請寄回更換。
【特別聲明】有關本書中的言論內容，不代表本公司／出版集團之立場與意見，文責由作者自行承擔。

國家圖書館出版品預行編目 (CIP) 資料

工頭堅的京都時光 / 工頭堅著 . -- 初版 . -- 新北市 : 木馬文化事業股份有限公司出版 : 遠足文化事業股份有限公司發行, 2024.06
352 面 ;14.8 x 21 公分
ISBN 978-626-314-680-8(平裝)

1.CST: 旅遊 2.CST: 日本京都市

731.75219　　113006368